Autor und Verlegerin danken dem Steinkopf Verlag für das großzügige Entgegenkommen, den vorliegenden Buchbeitrag in einer einmaligen Auflage erscheinen zu lassen. Angeregt durch den Steinkopf Verlag hat der Autor den Wunsch, das hier behandelte Thema in einer erweiterten, die neuere Literatur und aktuelle Fragestellungen berücksichtigenden Fassung vorzulegen.

Walther H. Lechler

Nicht die Droge ist's, sondern der Mensch

Verlag
Schritt für Schritt

Zum Autor:
Einige in der Bundesrepublik Deutschland stationierte amerikanische Soldaten luden den Autor im Jahre 1954 in ihr geschlossenes AA-Meeting ein. (Die ersten Meetings auf deutschem Boden fanden 1953 in der amerikanischen Armee statt.) Das Genesungsprogramm dieser Gemeinschaft faszinierte den jungen Bataillonsarzt so sehr, daß es nicht nur sein persönliches Leben völlig veränderte, sondern auch seine medizinischen Maßnahmen; es gab seinem Weg als Psychiater eine neue Richtung.
Dr. Walther H. Lechler war bis Ende 1988 Chefarzt der Psychosomatischen Klinik Bad Herrenalb. Dort hat er sein in dieser Broschüre in sehr kurzen Zügen dargestelltes Sucht- und Therapiekonzept zusammen mit seinen ärztlichen und nichtärztlichen MitarbeiterInnen über einen Zeitraum von fast 20 Jahren hinweg in einen praktischen klinischen Alltag zu übertragen versucht. Er ist durch viele Rundfunk- und Fernsehsendungen bekannt geworden und hat durch seine kreative ärztliche und psychotherapeutische Vorgehensweise internationalen Ruf erworben. Der Autor ist insbesondere durch die Integration des Zwölf-Schritte/Stufen-Programms in sein therapeutisches Vorgehen zum Wegbereiter für die Anonymen Alkoholiker deutscher Sprache und deren verwandte Gruppen geworden.

CIP-Titelaufnahme der Deutschen Bibliothek
Lechler, Walther H.:
Nicht die Droge ist's, sondern der Mensch / Walther H. Lechler. -
Burg Hohenstein : Schritt für Schritt, 1990
ISBN: 3-927900-01-X

Copyright ©
Verlag Schritt für Schritt Rita B. Schumann, Burg Hohenstein 1990
Umschlag-Gestaltung: Reinhard Orzekowsky, Grafik-Designer AGD
Satzarbeiten: Grundblick-Verlag, Marburg-Moischt
Gesamtherstellung: Hampf, Druck und Verlag, Mainz
Printed in Germany 1990
ISBN 3-927900-01-X

Zuerst veröffentlicht in: Wenn Theologie praktisch wird ..., herausgegeben von Jürgen Sonnenberg, J.F. Steinkopf Verlag, Stuttgart 1983 (Haupttext S. 9 bis S. 52)

Inhaltsverzeichnis

Zwölf vorgeschlagene Schritte der
Anonymen Alkoholiker 6

Zwölf Traditionen der
Anonymen Alkoholiker 7

Nicht die Droge ist's, sondern der Mensch 9

Weiterführende Literatur 53

Kontaktadressen Anonymer Gruppen 60

Die Zwölf empfohlenen Schritte der Anonymen Alkoholiker *

1. Wir gaben zu, daß wir dem Alkohol gegenüber machtlos sind - und unser Leben nicht mehr meistern konnten.
2. Wir kamen zu dem Glauben, daß eine Macht, größer als wir selbst, uns unsere geistige Gesundheit wiedergeben kann.
3. Wir faßten den Entschluß, unseren Willen und unser Leben der Sorge Gottes - wie wir ihn verstanden - anzuvertrauen.
4. Wir machten eine gründliche und furchtlose Inventur in unserem Inneren.
5. Wir gaben Gott, uns selbst und einem anderen Menschen gegenüber unverhüllt unsere Fehler zu.
6. Wir waren völlig bereit, all diese Charakterfehler von Gott beseitigen zu lassen.
7. Demütig baten wir ihn, unsere Mängel von uns zu nehmen.
8. Wir machten eine Liste aller Personen, denen wir Schaden zugefügt hatten und wurden willig, ihn bei allen wieder gutzumachen.
9. Wir machten bei diesen Menschen alles wieder gut - wo immer es möglich war -, es sei denn, wir hätten dadurch sie oder andere verletzt.
10. Wir setzten die Inventur bei uns fort, und wenn wir Unrecht hatten, gaben wir es sofort zu.
11. Wir suchten durch Gebet und Besinnung die bewußte Verbindung zu Gott - wie wir ihn verstanden - zu vertiefen. Wir baten ihn nur, uns seinen Willen erkennbar werden zu lassen und uns die Kraft zu geben, ihn auszuführen.
12. Nachdem wir durch diese Schritte ein spirituelles Erwachen erlebt hatten, versuchten wir, diese Botschaft an Alkoholiker weiterzugeben und unser tägliches Leben nach diesen Grundsätzen auszurichten.

---

* Copyright © (für Schritte und Traditionen) by AA World Service Inc., New York; abgedruckt mit freundlicher Genehmigung der Anonymen Alkoholiker deutscher Sprache (5/1990)

Die Zwölf Traditionen der Anonymen Alkoholiker *

1. Unser gemeinsames Wohlergehen sollte an erster Stelle stehen; die Genesung des einzelnen beruht auf der Einigkeit der Anonymen Alkoholiker.
2. Für den Sinn und Zweck unserer Gruppe gibt es nur eine höchste Autorität - einen liebenden Gott, wie er sich in dem Gewissen unserer Gruppe zu erkennen gibt. Unsere Vertrauensleute sind nur betraute Diener; sie herrschen nicht.
3. Die einzige Voraussetzung für die AA-Zugehörigkeit ist der Wunsch, mit dem Trinken aufzuhören.
4. Jede Gruppe sollte selbständig sein, außer in Dingen, die andere Gruppen oder die Gemeinschaft der AA als Ganzes angehen.
5. Die Hauptaufgabe jeder Gruppe ist, unsere AA-Botschaft zu Alkoholikern zu bringen, die noch leiden.
6. Eine AA-Gruppe sollte niemals irgendein außenstehendes Unternehmen unterstützen, finanzieren oder mit dem AA-Namen decken, damit uns nicht Geld-, Besitz- und Prestigeprobleme von unserem eigentlichen Zweck ablenken.
7. Jede AA-Gruppe sollte sich selbst erhalten und von außen kommende Unterstützungen ablehnen.
8. Die Tätigkeit bei den Anonymen Alkoholikern sollte immer ehrenamtlich bleiben, jedoch dürfen unsere zentralen Dienststellen Angestellte beschäftigen.
9. Anonyme Alkoholiker sollten niemals organisiert werden. Jedoch dürfen wir Dienst-Ausschüsse und -Komitees bilden, die denjenigen verantwortlich sind, welchen sie dienen.
10. Anonyme Alkoholiker nehmen niemals Stellung zu Fragen außerhalb ihrer Gemeinschaft; deshalb sollte auch der AA-Name niemals in öffentliche Streitfragen verwickelt werden.
11. Unsere Beziehungen zur Öffentlichkeit stützen sich mehr auf Anziehung als auf Werbung. Deshalb sollten wir auch gegenüber Presse, Rundfunk, Film und Fernsehen stets unsere persönliche Anonymität wahren.
12. Anonymität ist die spirituelle Grundlage aller unserer Traditionen, die uns immer daran erinnern soll, Prinzipien über Personen zu stellen.

*"The nerve of the guy -
comes up with a complete SOLUTION to drug abuse!"*

"Der Kerl hat vielleicht Nerven - kommt daher und hat die totale LÖSUNG für das Drogenproblem!"

Nicht die Droge ist's, sondern der Mensch

»Health is the natural state of being and it restores itself when we refrain from habits that interfer with it.«
Willard and Margaret Beecher[1]

Die größte Hilfe ist es, in den Menschen den Wunsch zu wecken, daß sie sich selber helfen möchten.« *Rachmanowa*

Wir müssen »von einem intensionalen Denken innerhalb von Sparten zu einem extensionalen Denken innerhalb der realen Wechselbeziehungen der Dinge« kommen. *Frederic Vester*[2]

Drogen machen nicht süchtig. Alkohol verursacht nicht den sogenannten »Alkoholismus«.

Solange wir noch immer der reichlich primitiven, unkritischen und unwissenschaftlichen Vorstellung unter wissenschaftlichem Gehabe huldigen, daß ein lebloser, inerter Stoff so etwas wie »Sucht« hervorrufen könnte, solange alle unsere sog. wissenschaftlichen Forschungsvorhaben und Therapieansätze unter diesem drogen-zentrierten Konzept ausgerichtet werden mit dem Ziel, dies beweisen zu müssen und zu können, so lange auch werden wir nie begreifen, was uns das Phänomen der sog. »Sucht« und im besonderen des sog. »Alkoholismus« auf dem Wege unserer Lebensbewältigung, unserer Konfliktlösungsversuche und Lebensgestaltung vermitteln könnte. *(Louka)*[3]
Die Drogen, und hier besonders der Äthylalkohol, sind Glieder eines Ökosystems, das gestört ist und verzweifelt versucht, selbst auf die Gefahr der Selbstzerstörung hin, eine Selbstheilung einzuleiten und sein gesundes Gleichgewicht, seine Ganzheit, wiederherzustellen.

Philip L. *Hansen*[4] gibt in seinem kleinen lesenswerten Büchlein ›The Afflicted and the Affected‹ in dieser Hinsicht ein sehr simples, einleuchtendes und zutreffendes Bild: Alkoholismus verhält sich zu unserer Gesellschaft wie Aknepusteln zum Körper. Die Hauteffloreszenzen sind an und für sich nicht das Problem, aber sie weisen von außen auf etwas hin, was von innen her eine Änderung erfahren muß. Der erfolgreichste Weg, die Pusteln loszuwerden, besteht nicht darin, sie auszudrücken, sondern die Lebensweise total zu verändern. Hansen bemerkt so richtig, daß wir die Alkoholiker bis zum heutigen Tag so behandelt haben, als wären sie allein und ausschließlich das Problem. Wir taten dies mit dem gleichen Erfolg wie bei der Akne, wenn man gegen sie lediglich kosmetisch, durch Ausdrücken der Comedonen und Auftragen von Salben und Tinkturen vorgeht.

Thomas *Trotter,* ein junger englischer Arzt, hat seine 1788 in Edinburgh vorgelegte Dissertation über die Trunkenheit mit dem Titel ›De Ebrietate ejusque Effectibus in Corpus humanum‹ überarbeitet und erweitert. Das Ergebnis seiner fortgesetzten Forschung über die Trunkenheit erschien dann 1804 in 2. Auflage in London als ›An Essay, medical, philosophical, and chemical, on drunkeness, and its effects on the human body‹.

Trotter sah ebenfalls die fermentierten Getränke als die verborgene Ursache für Trunkenheit an: »In medical language, I consider drunkeness, strictly speaking, to be a disease; produced by a remote cause, and giving birth to actions and movements in the living body, that disorder the functions of health... To avoid confusion, I take the remote cause into my definition. Drunkeness ist the delirium occasioned by fermented liquors.«[5]

Thomas *Trotter* sah lediglich den Aspekt der chronischen Intoxikation mit den diversen Vergiftungserscheinungen im menschlichen Organismus.

Unser schwedischer Kollege Magnus *Huss* hielt ebenso wie Thomas *Trotter* den unbelebten Stoff Alkohol für die Ursache der sich in so vielen verschiedenen Bildern darstellenden Trunkenheit. In seiner bekannten, 1849 erschienenen Arbeit ›Alcoholismus chronicus‹ zog er die heil-lose, mit noch nicht übersehbaren Konsequenzen beladene Schlußfolgerung, das vielseitige Intoxikationsbild und die zahlreichen Folgeerscheinungen für eine Krankheitsentität zu halten. Willkürlich aus dem Zusammenhang gerissen, ohne die komplexe Dynamik des Geschehens zu begreifen, schuf er die Krankheit »chronischer Alkoholismus«, ein Begriff, der schnell und dankbar von allen Ärzten und helfenden Personen in ihrer Hilflosigkeit wie ein Rettungsanker aufgegriffen wurde. Endlich wurde etwas greifbar und eventuell auch meßbar und therapierbar in Begriffen der Medizin, was sich vorher als Charakterschwäche, moralische Abartigkeit, Willensschwäche, Haltlosigkeit und Zeichen von Degeneration dem Zugriff einer körperorientierten, kausal-linear denkenden Medizin entzogen hatte. Der Symptomträger wurde demnach zum »chronischen Alkoholiker«. Aus diesem Denkkonstrukt entstand zwangsläufig nach dem Modell unserer Naturwissenschaft die »Alkoholismusforschung«, die nicht mehr übersehbare »Alkoholismusliteratur«, die »Alkohologie« und die Institute und Lehrstühle für »Alkohologen«. Diese Entwicklung zeugte eine unübersehbare Anzahl immer weiter sich vermehrender Organisationen wie die National und International Councils on Alcoholism and Addiction, die Abstinenz- und Temperenzvereinigungen, Beratungsstellen, ›Psychosomatische Kliniken‹, hinter deren moderner Fassade sich das Ghettobild der früheren Trinkerheilanstalten verbergen kann. Ein Heer von Alkoholspezialisten und Alkoholfürsorgern wuchs heran, die mehr oder weniger offen den Kampf gegen den Alkoholismus auf ihr Panier geschrieben haben und Kongresse, Petitionen gegen den gemeinsamen Feind veranstalten. Es wurde eine spezielle Alkoholismustherapie mit besonderen Formen der Gruppentherapie für Alkoholiker entwickelt. Eine fieberhafte Forschung begann, um die Alkoholiker-Persönlichkeit[6] in reiner Form darzustellen. Inzwischen kann man ungefähr 180 Definitionen des Alkoholismus in der weit verstreuten Literatur zusammensammeln (was allein schon stutzig machen sollte). Aus dem Ordnungs- und Klassifizierungsverlangen entstanden die akribisch ausdefinierten Alkoholismus-Typen (α-, β-, γ-, δ- und ε-Alkoholismus), die den Anschein vermitteln, als hätte man nun den großen Rahmen gefunden. Spezialisten auf dem Gebiet der Alkoholismusforschung und der Alkoholismus-Therapie treffen sich Jahr für Jahr an verschiedenen, attraktiven Orten dieser Welt. Es sind meist immer wieder dieselben, die sich immer wieder nahezu das Gleiche erzählen. In immer engeren Formationen rückt die Medizin in multidisziplinärer Gliederung, wie es ein multifaktorieller Gegner erfordert, heran und reitet mit allem, was in den Sog ihres Konzeptes kam, auf Rosinante gegen die Windmühlenflügel an, die Magnus *Huss* in die medizinische Landschaft 1849 hineingestellt hatte.

Wie es andernorts auf eine andere Methodenrichtung gezielt in einem ähnlichen Sinn bereits ausgesprochen worden war, wurden nun die Therapie und die vorgeschlagenen Heil- und Fürsorgemaßnahmen

gegen den Alkoholismus, die immer üppiger zu wuchern begannen und nicht mehr einzudämmen sind, zu der eigentlichen Krankheit und Störung, die sie vorgaben, kurieren und beseitigen zu wollen.
Wehe dem, der offen oder versteckt sich anschickte oder heute versucht, die heilige Kuh eines bereits fest institutionalisierten, wissenschaftlichen Glaubens zu schlachten oder ihr nur das Recht ihrer Stellung abzusprechen! Ihm wird es mehr oder weniger ähnlich wie dem ergehen, der verkündet haben soll, daß er die totale Lösung des Drogenproblems gefunden habe (s. Cartoon, S. 8).
Der Alkohol, die Droge jedweder Art selbst ist nicht das Problem. Jedoch stehen der Alkohol, die Drogen der Problemlösung im Wege. Der sog. Alkoholiker ist auch nicht das Problem. Das wäre gar zu leicht. Und wir haben es uns bis heute leicht gemacht und damit aber auch sehr schwer. Das Konstrukt des sog. Alkoholismus und der damit so eng verbundenen und ernsthaft betriebenen Alkoholismusforschung läßt mich an den folgenden Witz denken, den mir mein Vater erzählte, als ich ein kleiner Junge war. Damals wußte ich nur, daß es Betrunkene gibt, die in ihrer Hilflosigkeit und in ihrer Erbärmlichkeit einen entweder sehr erschütternden, beschämenden oder sehr komischen Eindruck machen. Ich ahnte damals noch nicht, daß ich einmal in meinem Leben beruflich so hautnah an diese Problematik herangeführt werden würde.
Nun, dieser Witz ist sehr alt und weithin bekannt und heute in diesem Zusammenhang wie kein anderer so treffend: Ein Betrunkener, der sich kaum auf seinen Beinen halten kann, sucht im Schein einer Straßenlaterne, auf allen Vieren herumkriechend, verzweifelt nach einem Gegenstand. Ein vorübergehender Polizist spricht ihn an und fragt ihn freundlich, was er denn zu so später Stunde noch suche. Der Betrunkene macht ihm, erschwert durch seinen Schluckauf, klar, daß er seinen Hausschlüssel verloren habe. Der Ordnungshüter geht als Freund und Helfer des Bürgers ebenfalls auf die Knie und sucht eifrig mit auf dem Kopfsteinpflaster. Sie heben beide mit vereinten Kräften die Kanalabflußabdeckung hoch und suchen in dem Senkkasten, in der Annahme, der Schlüssel sei durch die Schlitze gefallen. Nach längerem vergeblichem Wühlen und Suchen erkundigt sich der nun kritisch und mißtrauisch gewordene Hüter der Ordnung, ob er denn genau wisse, daß er den Schlüssel gerade hier verloren habe. Darauf sagt der Betrunkene unter den oben bereits erwähnten artikulatorischen Schwierigkeiten: »Ich habe ihn da drüben verloren, aber hier ist es heller...«
Die Frage ist: Haben wir dort, wo wir gerade suchen, überhaupt etwas verloren?

Wo wir suchen müßten, ist es aber verdammt dunkel. Das macht Angst. Wir wissen nicht, wo wir selbst hineingelangen würden. Wir müßten aus dem von uns gemachten Licht ins Dunkel gehen. Vielleicht haben wir Angst, dort auf unsere eigene Behinderung und eigene Hilflosigkeit zu stoßen.

Ohne das entsprechende Umfeld gibt es keinen sogenannten Süchtigen und auch keinen sogenannten Alkoholiker. Umfeld und der von uns bezeichnete Süchtige, beide bedingen sich. Sie entstammen ein und demselben Öko-System. Der Süchtige oder der Alkoholiker im besonderen sind lediglich der Rauch, der zeigt, daß irgendwo ein Feuer brennt. Wir bemühen uns und begnügen uns, den Rauch zum Verschwinden zu bringen. Aber jeder Alkoholiker läßt es auf eine neue penetrante, störend-unerträgliche Weise immer wieder neu »ruch-bar« werden, daß irgendwo bei *uns* ganz allgemein etwas nicht stimmt.

Thomas *Trotter* leitet sein oben erwähntes Essay mit dem Satz ein: »Mankind, ever in pursuit of pleasure, have reluctantly admitted into the catalogue of their diseases, those evils which were the immediate offspring of their luxuries. Such a reserve is indeed natural to the human mind: for of all deviations from the path of duty, there are none that so forcibly impeach their pretensions to the character of rational beings as the inordinate use of spirituous liquors.«[7]

Auch wir würden nur sehr widerstrebend zugeben, daß »Alkohol« mit allem, was dieser Begriff impliziert, nur eine Metapher ist für unzählbar viele und entsprechende Abhängigkeiten, denen wir uns selbst tagtäglich – ohne es uns bewußt zu machen – unterwerfen, um den Schmerzen, Schwierigkeiten und Unlustgefühlen aus dem Weg zu gehen, die bei unserem »pursuit of pleasure« (Jagen nach Genuß) entstehen. Die Metapher »Alkohol« heißt übersetzt nicht allein C_2H_5OH oder Äthylalkohol oder aqua vitae, sondern ist ganz schlicht Synonym von Lebenslüge, Selbstbetrug und Selbsttäuschung. Sie bezeichnet alles, was dazu dienen kann, unseren Blick vor der Wirklichkeit zu verstellen. Wie viele Äquivalente von Alkohol setzen wir ein, um uns der allzu rauhen, harten erbarmungslosen (barm = der Mutterschoß) Realität zu entziehen, mit der wir permanent konfrontiert werden. Die in einem erschreckenden Maße, besonders heute unter jungen Menschen auftretenden und zunehmenden socio-psycho-somatischen Symptome gehören ebenfalls zu den Äquivalenten dieser Metapher. Sie werden genauso wie das erste Glas »genommen«, um dem Zustand des Un-Behagens, dem Un-Wohlsein (dis-ease), dem eigenen Un-Vermögen, der Un-Zufriedenheit, der Un-Lust, des Mal-Aise, dem Bewußtwerden des eigenen Defizits, des eigenen *Mangels,* des Hungers und Durstes nach wirklichem Leben zu entkommen. Amerikaner nannten diesen Zustand in einem wissenschaftlich gekleideten Gewand »the inadequacy syndrom« (John and Elaine *Cumming*[8]). Elaine *Cumming* setzte diesem Ausdruck gleichwertig die Bezeichnung ego-poverty zur Seite. Sie soll den Mangel an inneren Kräften bezeichnen, Krisen überstehen und tagtägliche Probleme lösen zu können. Paul *Agnew* erklärt, wie es zu dieser Ich-Verarmung kommt. Sie ist das Ergebnis einer unzureichenden Vermittlung von Lebenserfahrung, die inzwischen die Menschheit zur Verfügung hat (inadequate enculturation). Dies führt zum Zustand der »developmental inadequacy«.

Drogenabhängige bei *Synanon* und *Daytop* in New York nannten diese mangelhafte Ausbildung und Vorbereitung auf das Leben schlicht *Dummheit,* und sie fügten hinzu: Die wird man nur durch Lernen los und nicht durch Therapie. Sie betrachten die Drogenabhängigkeit nicht als Krankheit, sondern als Kranksein (Un-Wohlsein, dis-ease) in ihrer Beziehung zu sich selbst und der Welt.

Jeder von uns – bewußt oder unbewußt – ahnt oder spürt seine Unfähigkeit, sein ungenügendes Vorbereitetsein, um im Dialog mit dem Leben, mit allem, was uns Partner sein kann und ist, die Antwort zu geben, die eine erfüllende, befriedigende und belohnende Begegnung zeitigt. Denn Leben ist Begegnung, Begegnung mit dem Partner, ein unaufhörlicher Dialog, in den wir eingespannt sind. Dumpf ist uns allen gegenwärtig, daß wir zur Ver-Antwort-ungsfähigkeit in diesem dialogischen Bezug mit dem Leben aufgerufen sind.

Es gibt nichts auf dieser Welt, was wir nicht brauchen bzw. mißbrauchen können, um uns aus der Ver-Antwort-ungspflicht herauszumogeln. Alles, was es in dieser Welt gibt, kann dazu dienen, um uns in einen Zustand zu versetzen, in dem wir sprach-los, ver-antwortungsunfähig werden oder uns so darstellen. Wenn wir ganz legitime Äquivalente wie z.B. einen Asthmaanfall, einen Herzanfall, ein Magen- oder Darmulcus, unsere Migräne nehmen, werden wir nicht nur exkulpiert, sondern genießen obendrein noch die Zu-Neigung, das Wohl-Wollen, die Zu-Wendung einer ganzen Gesellschaft, der Medizin, in der ein derartiges, unbewußt praktiziertes ver-antwort-ungsloses Verhalten unter Einhaltung ganz bestimmter Spielregeln belohnt wird. Wenn jemand als ›workoholic‹ durch seine Arbeitssucht im Verlaufe einer Koronarerkrankung invalide wird oder sich und seine Familie dabei zugrundegerichtet hat, wird er meist sogar als Held gefeiert und mit den entsprechenden Orden und Ehrenzeichen geschmückt.

Die nachstehend aufgeführten, wahllos herausgegriffenen Beispiele für Formen des anderen »Alkohols« mögen auf den ersten Blick an den Haaren herbeigezogen erscheinen. Sie sind alle nur Beispiele für die generelle Selbsttäuschung und das Besoffensein, womit wir unser Leben und unseren Lebensraum gefährden. So hängt bei nüchterner Betrachtung unser Leben sowieso nur noch an einem Haar: Die Umweltverschmutzung, die zunehmende Denaturierung unserer Nahrungsmittel und des Wassers sind nur Ausdruck unserer Inweltverschmutzung, d.h. unserer unklaren und unsauberen Verhältnisse und Beziehungen zum Leben, zu dessen ökologischen Zusammenhängen, in die wir in all unseren Beziehungen unentrinnbar hineinverwoben sind.
Die steigenden Kosten des Gesundheitswesens sind bei genauerer Analyse Ausdruck unseres kranken, süchtigen, d.h. *siechen* Bezugs zum Leben.»Sucht« kommt nicht etymologisch von »suchen«, »obwohl sich in dem eindrucksvollen Prozeß ein Suchen, eine Sehnsucht nach Verwandlung, Befreiung, Erlösung ausdrückt«. Das Wort »Sucht« wird aus dem mittelhochdeutschen und aus dem althochdeutschen Stamm »sucht«, gotisch »sauhts«, der Krankheit bedeutet und verwandt ist mit dem englischen »sick«, mit dem gotischen »siukan«, Kranksein, auch siech, Seuche, in der Bedeutung »von Dämonen ausgesaugt«, zurückgeführt. »Seuche« leitet sich analog von dem mittelhochdeutschen Stamm »siuche«, siuhhi«, gotisch »siukei« ab. Das früher gebräuchliche deutsche Wort »siech« (got. »siuks«, ah. »sioh«, angels. »seoc«, engl. »sick«) wurde durch »krank« mehr und mehr verdrängt und ersetzt. (*Lechler*[9]).
Im Schwedischen wie auch im Holländischen ist diese Form noch bei der Bezeichnung von Krankenhaus »shuk-hus« enthalten. Wie auch im Deutschen hat das Wort »sick« im Englischen eine übertragene Bedeutung, wie wir z.B. auch im Deutschen sagen würden: »Dein ganzes Verhalten macht mich noch krank!« Ein bekannter Ausdruck unter amerikanischen Alkoholikern ist: »I'm sick and tired of being sick and tired.«
Alkohol-Äquivalente:
Psychopharmaka, Weckamine, Schmerzmittel, halluzinogene Drogen, Schlafmittel, Nikotin, Nahrungsmittel (Foodoholic), Lösungsmittel (Sniffer) usw.
Workoholic (Arbeitssucht), Forschung, Veröffentlichung, Suchtbekämpfung, Approvalholic (Prestige, Leistung, Aufstieg, moralische Zuverlässigkeit), Ausbildungsdrang, Seminare, Workshops, Politik, Sport, Hobby, Moped, Mokick, Geschwindigkeit usw.
Sammlungen, Tourismus, Urlaub, Vereinsmeierei, Handarbeiten, Lek-

türe, Kaufen, credit-addict, Zivilgerichtsprozesse, Güterkonsum, visuelle und akustische Reize, Disco-Lärm, Tanz.
Psychoneurotische Symptome, psychosomatische Symptome, Herzinfarkt, Krebs, Müdigkeit, Logorrhoe, Suizidtendenzen, Selbstverstümmelung, Sex, Zwangsneurose, Martyroholic (Victimologie), »Anonyme Alkoholiker«, wenn sie in die bei ihnen beobachtete »sozial-pathologische Exklusivität« geraten *(Svoboda)*.[10]
Gurus, Meditation, Ashrams, Musik, Theorien, Methoden, Psychotherapie, Psychoanalyse, Tierliebe, Co-Alkoholiker (enabler), Alkoholiker, Sorgen, echte und unechte Probleme, women's lib, usw.
Chirurgische Eingriffe, Prothesen, orthopädische Apparate, kosmetische Operationen, ästhetenhafter Lebensstil (von Gebsattel), Massage, Sonnenbrille, Bart, Make-up (Verfremdung), usw.
Berthold *Kilian* hat in ›Kirche Diakonie Gesellschaft‹[11], wie es *Lechler* in ›Sucht aus socio-psycho-somatischer Sicht‹ getan hat, einige allgemeine Süchte zusammengestellt, die nachstehend aufgeführt werden. Unter der Überschrift »Jeder ist gefährdet« fährt *Kilian* fort: »Soweit ist alles in Ordnung; aber was vermeiden wir eigentlich, wenn wir uns so auf die Suchtkranken stürzen? Warum ist der Suchtkranke mit seiner Problematik so ›in‹? Wovon lenken wir uns ab?«
Ich denke, daß der Suchtkranke uns durch sein Verhalten Fragen stellt, die uns peinlich sind. Sein Verhalten macht uns betroffen, weil wir erkennen müssen, daß er sich von uns nur wenig unterscheidet. Bei ehrlicher Betrachtung stellen wir fest, daß unsere Form des »Süchtigseins« sich besser verschleiern läßt, erlaubt ist, uns vielleicht sogar Anerkennung verschafft oder mindestens geduldet wird.
Damit wir uns um uns selbst nicht zu kümmern brauchen, beschränken wir die Krankheit »Sucht« auf das Abhängigsein von Drogen, Alkohol und Medikamenten. Unsere »Süchte« sind allenfalls »kleine Schwächen« oder »Leidenschaften«, die man glaubt, sich gestatten zu können.

Allgemeine Süchte:

Nikotin-Sucht	Fernseh-Sucht	Vergnügungs-Sucht
Freß-Sucht	Mager-Sucht	Unterhaltungs-Sucht
Sex-Sucht	Streit-Sucht	Nachahmungs-Sucht
Arbeits-Sucht	Tob-Sucht	Gefall-Sucht
Konsum-Sucht	Genuß-Sucht	Spott-Sucht

Hab-Sucht
Mode-Sucht
Trimm-dich-Sucht
Macher-Sucht
Steigerungsraten-Sucht
Eifer-Sucht
Schlankheits-Sucht
Erfolgs-Sucht
Fort-und-Weiter-bildungs-Sucht
Spezialisierungs-Sucht
Erlebnis-Sucht
Profit-Sucht
Rekord-Sucht
Ich-bin-ein-armes-Schwein-Sucht
Ich-bekomme-nicht-genug-Sucht
Ich-bin-so-leidend-Sucht
Ich-opfere-mich-auf-Sucht
Ich-rege-mich-so-gerne-auf-Sucht
Ich-kann-mich-selbst-nicht-leiden-Sucht
Ich-muß-allen-helfen-Sucht
Ich-weiß-was-für-andere-gut-ist-Sucht
Ich-weiß-alles-am-besten-Sucht
Ich-unterdrücke-andere-so-gerne-Sucht
Ich-vergleiche-mich-Sucht
Ich-muß-alles-bewerten-Sucht

Lese-Sucht
Spiel-Sucht
Ja-aber-oder-Argumentier-Sucht
Denk-Sucht
Bau-Sucht
Unterwerfungs-Sucht
Herrsch-Sucht
Bekehrungs-Sucht
Katastrophen-Sucht
Profilierungs-Sucht
Verehrungs-Sucht
Schlaf-Sucht
Sauberkeits-Sucht
Sehn-Sucht
Ich-Sucht
Ich-bin-der-Größte-Sucht
Ich-muß-jeden-überholen-Sucht
Ich-brauche-die-Gefahr-Sucht
Ich-muß-alles-haben-Sucht
Ich-kann-mir-am-meisten-leisten-Sucht
Ich-bin-so-stolz-Sucht
Ich-muß-immer-der-Erste-sein-Sucht
Ich-kann-alles-belegen-Sucht
Ich-bin-so-bescheiden-Sucht
Ich-will-doch-nur-dein-Bestes-Sucht
Ich-bin-so-schön-Sucht
Ich-lebe-mich-krank-Sucht

Protz-Sucht
Zeige-Sucht
Putz-Sucht
Rach-Sucht
Leistungs-Sucht
Prahl-Sucht
Datenerfassungs-Sucht
Verwaltungs-und-Kontroll-Sucht
Wie-bringe-ich-mich-am-besten-um-Sucht
Ohne-mich-funktioniert-nichts-Sucht
Mich-liebt-keiner-Sucht

Das Wort ›suchtkrank‹ ist ein Pleonasmus und heißt wörtlich übersetzt nichts anderes als ›krank-krank‹, was ja die besondere Schwere eines solchen Zustandes und Verhaltens, einer solchen Einstellung zum Leben nur zu unterstreichen vermag.

Ich glaube nicht, daß die Neuprägungen in einer Sprache so von ungefähr zustande kommen. In der englischen Sprache wählte man für die sog. Sucht das Wort ›addiction‹ und für den sog. Süchtigen die Bezeichnung ›addict‹, beides abgeleitet von dem lateinischen Verbum ›addicere‹

und dem Passivum ›addictus‹. Das Verbum wurde – wie lateinische Quellen erkennen lassen – vor allem beim Sklavenverkauf verwendet. Ein Sklave wurde dem Käufer zugesprochen; er hieß der ›Addictus‹. Er war damit gekauft, auch in der Doppelbedeutung des deutschen Wortes ›verkauft‹ und ›verdammt‹.
Ich möchte es als einen folgenschweren Irrtum bezeichnen, daß der sog. ›Süchtige‹ als Sklave der Droge bzw. des Alkohols angesehen wird. Es ist umgekehrt so, daß derjenige, der als Süchtiger sich dem Leben nicht zu stellen vermag, sich stellvertretend Sklaven anheuert, die für ihn das besorgen müssen, wozu er sich selbst nicht in der Lage fühlt. Meist haben die Sklaven ›Drogen‹ und ›Alkohol‹ und auch die vielen anderen Äquivalente zur größten Zufriedenheit für die Sklavenhalter gearbeitet. Dieser war dadurch nicht mehr gezwungen, sein Erfahrungs- und Lerndefizit, die Ursache seines Un-Vermögens im Leben, durch lernendes Suchen und Bemühen aufzufüllen. Die Sklaven gleichen scheinbar das Defizit für ihn aus. So erfährt er auch nicht mehr die drohende und sogar quälende Not-Wendigkeit, sich einem oft mühseligen Lernprozeß zu stellen. Dadurch vergrößert sich mehr und mehr sein Lern- und Erfahrungsdefizit. Je größer also die Diskrepanz wird zwischen Lebensanforderung und Problemlösungsfähigkeit, umso größer muß der ›Sklaveneinsatz‹ werden. So sind Dosissteigerung und Kontrollverlust zunächst Ausdruck eines inneren, in zunehmendem Maße unstabil werdenden Zustandes, der mit einem vermehrten Hilfskräfteeinsatz vor dem totalen Zusammenbruch bewahrt werden soll.
Es kann nicht genug betont werden, daß ein innerer Zustand, eine geistige Haltung dem Leben gegenüber chemisch-physiologische Korrelate im Organismus erzeugt, die sich dann, entsprechend dem organischen Substrat, niederschlagen und als chemisch-physiologische Parameter nachweisen lassen. So ist es der Fall auch bei der Dehydrogenase und den vielen anderen Fermenten, deren vermehrtes Vorkommen nicht der auslösende Faktor für die Dosissteigerung, sondern die Folge einer Einstellung und inneren Haltung ist. Krank-Sein führt zur Krankheit, der Zustand von ›dis-ease‹ zum disease, die Haltung von ›mal-aise‹ zum malaise.[12]
Die vorausgegangene Darstellung kann durch ein analoges Beispiel aus der Kybernetik bzw. der Regelungstechnik ergänzt werden. Jeder lebendige Organismus stellt in sich einen Mikrokosmos im Makrokosmos dar und ist in seinen Einzelelementen und im Verband mit anderen Organismen ein selbst-organisierendes, selbst-reparierendes, lernendes und damit selbst-optimierendes System.

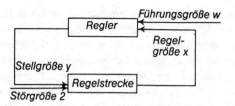

Struktur und Funktionsschema des Regelkreises[13]

In einem gestörten, aus dem Gleichgewicht geratenen System, in dem die Vielzahl der vermaschten Regelkreise kaum noch in der Lage sind, die »Regelgröße«, Ausdruck defizitärer Regelungsvorgänge, auf den vorgegebenen Sollwert anzugleichen, bietet sich die systemfremde Droge als Ersatzregler (Hilfsregler) oder – besser ausgedrückt – als *Ersatzsystem* an. Sie ist als Fremdelement gegenüber den vitalen Interessen und Zielen des Systemverbandes indifferent. Ihre willkommene, scheinbar system- und damit lebensrettende Wirkung besteht allein darin, daß sie über die wahre Lage des Systems, die Diskrepanz zwischen Ist- und Soll-Wert, hinwegtäuscht. Eine Homoeostase wird vorgetäuscht. In die Drogenszene würde hier besser das Wort »vorgegaukelt« passen. Der selbst-desorientierende, selbst-destruktive, von allen Lernmöglichkeiten abgeschnittene und sich-selbst-reduzierende Prozeß geht jedoch in den vielfältigen und komplizierten Regelungsvorgängen innerhalb des eigenen Systems und der damit vermaschten Systeme weiter. Dies erfordert einen verstärkten Einsatz der bereits oben erwähnten Ersatzsysteme, was der Dosissteigerung der Droge und im weiteren dann dem »Kontrollverlust« entspricht. Der Einsatz des Ersatzsystems vermag jedoch nicht mehr den Zusammenbruch der aufeinander abgestimmten Regelsysteme aufzuhalten. Die Entwicklung führt dem Tiefpunkt entgegen. Der Begriff »Tiefpunkt« kann nicht mit der totalen Zerstörung des Systemverbandes selbst gleichgesetzt werden. Auf höheren Regelungsebenen (Leitungsebenen) – ohne daß äußerlich viel von einer Desaggregation zu erkennen ist – entwickelt sich das Eingeständnis des Bankrotts und die Bereitschaft zur bedingungslosen Kapitulation und zur totalen Aufgabe (TA = totale Abstinenz) des Ersatzreglers. Die »Droge« als Ersatzregler, »ein Teil von jener Kraft, die stets das Böse will und stets das Gute schafft«, führt über das Versagen, die *Nieder-Lage* (das Niederlegen) in einer ausweglos gewordenen Situation, die einzig mögliche Lösung (Loslösung) und damit Öffnung zu etwas Neuem hin herbei. Zu einem Ent-zug gehört nicht nur die Abstinenz von dem lebensbedrohlich gewordenen Stoff (Ersatzregler), sondern ebenso die Abstinenz von der dahinter sich verbergenden selbstzerstörerischen, insuffizienten Lebenshaltung und Einstellung, deren materieller Ausdruck die Droge ver-körperte. Damit sind aber auch intim die Unzahl der gleichwertigen anderen Ersatzsysteme verbunden, zu denen z.B. das drogenzentrierte Konzept des am Drogenproblem in Mit-Leidenschaft gezogenen Umfeldes und die darauf basierenden, bereits vorstehend erwähnten speziellen Therapien, u.a. auch die schwachsinnige Vorstellung vom mäßigen Trinken, die diversen Einrichtungen und Organismen gehören. Nur wenn *total* alle, auch die wohlmeinendsten Ersatzsysteme[14] weggefallen sind, wenn eine »Tabula rasa« (TR) erreicht ist, dann erst hat das gestörte System eine Chance, daß die system-immanenten, selbst-heilenden (i.S. von ganz-machen und ganz-werden) Möglichkeiten wirksam werden können und eine Total-Remission (TR) ermöglichen.

Das abrupte Absetzen (AA) des/der Ersatzsysteme, der abrupte Entzug, die totale Abstinenz, führt im System zu dramatisch ablaufenden, oft lebensbedrohlichen Ausfallserscheinungen, die mit einer reinigenden, tiefgehenden Existenzialangst verbunden sind. Diese tiefgreifenden Zustände, wie z.B. auch das Delirium tremens in seinen vielgestaltigen Aspekten, müssen im Vertrauen auf die selbst-regulierende, selbst-reparierende Fähigkeit des eigenen Systems, notfalls mit dem Einsatz von unterstützenden, regulativen Maßnahmen (z.B. Kreislaufunterstützung, Sedativa, roborierende Maßnahmen, wie auch das Aufgefangenwerden in der warm annehmenden Atmosphäre von Gleichgesinnten wie in Gruppen der Anonymen Alkoholiker, Al-Anon und Al-Ateen) durchgestanden werden.

Das Programm der Anonymen Alkoholiker verdient in diesem Zusammenhang Erwähnung. Es ist kein Alkoholismus-Therapieprogramm. Es hat, bei genauer Betrachtung, mit dem Alkoholismus – wie er landauf und landab heute noch angesehen wird – nichts zu tun. Der erste Schritt dieses Programms und die nachfolgenden weiteren zehn Schritte der gesamten 12 Stufen (steps) sind nichts anderes als eine Empfehlung, alle zur Vernichtung führenden Ersatzsysteme abrupt aufzugeben (AA). Im gesamten Programm kommt nur ein einziges Mal – im ersten Schritt – das Wörtchen, die Metapher »Alkohol« vor: »Wir haben zugegeben, daß wir dem Alkohol gegenüber machtlos sind und unser Leben nicht mehr meistern konnten.« Diese erste Stufe ist das sich absondern von einer zum Tode führenden Lebensweise, es ist die Auf-

forderung zur bedingungslosen Kapitalation (»surrender« – Harry M. *Tiebout*[15]) dem eigenen *Regime* gegenüber; die Einladung, sofort und uneingeschränkt alle Sklaven freizusetzen, mit deren Hilfe und ohne deren Hilfe und Unterstützung ein Weiterbestehen nicht mehr möglich war.
Oft führt die aussichtslose und auswegslose Lage in Verwirrung und Panik. Es werden die Reste von Ratio aufgeboten – obwohl alles bereits entschieden ist –, eine verzweifelte und erschütternd anmutende Abwehr ins Feld zu führen unter der Form von Rationalisierung, Bagatellisierung und bitterer Anklage. Es ist unendlich schwer zu verstehen, daß die *Niederlage* die einzige Voraussetzung ist, um wieder aufstehen zu können.
Es werden in einem solchen Zustand ernstgemeinte, überzeugend vorgebrachte Versprechen gemacht. Es werden alle möglichen »Sklaven« (Ersatzsysteme) zum Freikauf angeboten, wie z.B. kontrolliertes Trinken, mäßiges Trinken, kein Alkohol am Steuer, weniger arbeiten, Lösung der Probleme, die scheinbar die Ursache des Trinkens sind, Bereitschaft zur Psychotherapie, zur Psychoanalyse, und vieles anderes mehr.
Father Joseph C. Martin, katholischer Priester vom Orden St. Sulpice', Alkoholiker und bekannt durch seine Filme, Kassetten und Vorträge wie ›Chalk Talk‹, ›Intervention‹, ›Feelings‹ etc., bietet in dem grauenhaften Zustand der Entscheidungslosigkeit und Entscheidungsschwierigkeit sowohl dem Trinkenden wie dem orientierungslosen Umfeld eine sehr simple, aber hilfreiche Formel an: »Wenn *Alkohol* Probleme macht, dann ist Alkohol das *Problem!*«
Wem es gelingt, das wesentliche Ersatzsystem auszuschalten, dem wird es auch gelingen, nach und nach die damit verbundenen und aufeinander abgestimmten Ersatzsysteme des Ersatzsystems zum Erliegen zu bringen.
Der Beginn des nun auf allen Regulationsebenen einsetzenden Re-Generations-Prozesses wird von den »Anonymen Alkoholikern« (AA) und den damit unabdinglich verbundenen Gruppen der Familien und Freunde des Alkoholikers, *Al-Anon* und *Al-Ateen,* als die Erfahrung einer »Höheren Macht«, »einer Macht, größer als wir selbst«[16] beschrieben. Es ist die »Macht«, das *Leben,* das uns von eh und je, vom Moment der Zeugung an, in Fülle zur Verfügung stand. Wir hatten aber nie *gelernt,* davon voll und ganz Gebrauch zu machen. Wir haben diese Lebenskraft, den Sinn, den Geist durch unseren Un-Sinn denaturiert. Von dem »Wein« (Un-Geist, Wein-Geist = Spiritus und seine zahlrei-

chen Äquivalente), den wir als Wein minderer Qualität bei der Hoch-Zeit, d.h. in unserem Leben, zu uns nahmen, müssen wir einfach zu ganz gewöhnlichem, unverfälschtem Wasser zurückkehren, um wieder nüchtern, klar zu werden. Dann kann dieses Wasser (Leben) – wenn die Stunde gekommen ist, d.h. in einem Lern- und Gesundungsprozeß – zu wirklichem *Wein* (Spiritus) verwandelt werden.

C.G. Jung hat in seinem in Übersetzung nachstehend veröffentlichten Brief vom 30. Januar 1961 an den Begründer der Anonymen Alkoholiker, William Griffith Wilson die lateinische Formel für den geschilderten Vorgang geprägt: »*Spiritus contra Spiritum.*«[17]

Der »Alkoholiker«, der sog. »Süchtige« ist in ein Öko- und Feed-back-System von unzählig vielen »Co-Alkoholikern« (Co-Süchtigen = Co-Siechen = Co-»Kranken«) untrenn- und unentrinnbar einverwoben. Zum größten Teil sind die Co-Alkoholiker gestörter, »kränker«, unglücklicher und damit – ohne es zu wissen – hilfsbedürftiger als die manifesten Kranken, die Symptomträger (Träger der Symptomdominante)!

»Alkoholiker« und besonders die »Co-Alkoholiker« müssen als eine funktionelle Einheit gesehen werden, die in ihrer Eigendynamik die Störung »Alkoholismus« durch ihre Art der Pathobiose immer wieder unter veränderten Aspekten hervorbringen.

Der »Co-Alkoholiker« bietet sich selbst dem »Alkoholiker«, ob schon manifest oder nicht, als eine andere Variante des »Alkohols« als Ergänzung, als Sklave an und übernimmt für eine verfahrene, auswegslose Situation die Ver*antwort*ung, macht die Lebenslüge mit und identifiziert sich mit dem süchtigen, siechen, d.h. kranken Lebensmodell des Partners, das ihm selbst nicht so fremd ist.

Sie bedingen einander, brauchen einander, mißbrauchen einander und sind nolens volens auf Gedeih und Verderb so lange miteinander verkettet, bis beide oder einer unter ihnen das »Scheißspiel« einfach nicht mehr mitmacht.

Daraus kann, wie es die Erfahrung bestätigt, abgeleitet werden, daß die Summe aller Betroffenen mindestens das Sieben- bis Zehnfache der uns bekannten Zahl der manifesten Alkoholiker ausmacht. Dabei kann die große Dunkelziffer der Gesamtgruppe nicht genau ermittelt werden.

Die vorstehend geschilderte Gruppe ist zu einem beträchtlichen Anteil an den 450 Millionen Betriebskrankentagen bei ihrer »Flucht in die Unwirklichkeit, in Illusionen: Alkoholismus, Drogenabhängigkeit, Kriminalität, ganz zu schweigen von der wachsenden Flucht in Verhaltensstörungen und Neurosen mit einem immer stärkeren Leistungsabfall«

beteiligt.« Schon 1965 kostete das Kranksein – ohne Folgelasten – die Bundesrepublik 150 Milliarden DM. Für Krankheit, Arbeitsausfall und Berufsunfähigkeit ging sogar ein Drittel des gesamten Volkseinkommens drauf. Heute liegen die Zahlen noch weit höher ... Wir erinnern uns an die 450 Millionen Betriebskrankentage allein in der Bundesrepublik.« *(Vester)*[18]

Märta *Tikkanen*[19] schreibt in ›Die Liebesgeschichte des Jahrhunderts‹ als Betroffene: »Wir sind zusammengezogen, nicht weil wir es wollten, sondern weil wir es nicht lassen konnten. Wir gehen nicht auseinander, obwohl wir es eigentlich wollen, weil wir einander noch immer nicht lassen können. Wenn das Haß ist, wie sieht dann Liebe aus?

Wenn ich all das für Dich hätte sein können, was Du Dir wünschst, Deine Mutter, die Dich liebt und Dir verzeiht und Dich versteht und Dich immer bestätigt, die Dich grenzenlos bewundert und Dich bestraft, wenn Du Dummheiten gemacht hast, die alle Entscheidungen für Dich trifft und alles in Ordnung bringt, was Du ausgefressen hast, auf die Du schimpfen kannst, wenn die Welt nicht so ist, wie Du sie haben willst, die Ewige Unverwüstliche, die immer da ist und wacht und wartet und sich sorgt, um Dich, nur um Dich – dann wäre trotzdem nichts anders gewesen.

Wahrscheinlich lag es nicht daran, daß Du Dich in mein blaugestreiftes Baumwollkleid verliebt hast, weil ich so unschuldig aussah, was ich tatsächlich auch war, oder daran, daß ich mich Hals über Kopf in Deine genialen Formulierungen verknallt habe und in Dein Talent, das mich 20 Jahre früher überwältigte als die übrige Welt, sondern nur daran, daß Deine Bedürfnisse zu meinen paßten – brauchen und gebraucht werden –, und daß von uns einer so maßlos und kopflos war wie der andere, so gleichberechtigt fing es an, und wenn es später schiefgegangen ist, dann lag der Fehler nur bei uns selbst.«

Eltern, besonders häufig die *Mütter,* machen sich die Ausflüchte, Erklärungssysteme, den Selbstbetrug des Sohnes oder der Tochter über Jahre und Jahrzehnte zu eigen. Eltern und mit ihnen auch die Geschwister suchen in ihrer maßlosen Hilflosigkeit nach den Gründen, die das Angehörige zum Trinken geführt haben könnten. Bis zur Selbstaufopferung verfechten sie diese von ihnen gefundenen, scheinbaren Auslöser, so unsinnig sie auch klingen mögen. Sie suchen und finden bei sich selbst Fehler, die sie angeblich bei der Erziehung gemacht haben. Schuldgefühle verpflichten sie nun noch mehr, voll in die »Krankheit« des Angehörigen mit einzusteigen. Meist werden die ungeeigneten Ehepartner und Freunde als Grund für die Entwicklung angesehen. Über

Jahre und Jahrzehnte findet das arme »Kind« bei den Eltern, bei der Mutter Kost und Logis und Versorgung. Meist geben solche Frauen das Letzte noch her, übernehmen Schulden, helfen Prozesse führen, finanzieren einen Wagen und halten den »Armen« über Wasser, obwohl er oder sie schon einige Jahre arbeitslos sind und nicht die geringste Anstrengung machten, für sich selbst die Ver*antwort*ung zu übernehmen. – Die »Opfer« einer solchen Fürsorge wären geradezu dumm, wenn sie durch Eigeninitiative ihre Lage erheblich verschlechtern würden.

Die nachstehend aufgeführte Geschichte, die Günter bisweilen bei Meetings der »Anonymen Alkoholiker« erzählt, läßt deutlich werden, was lange Beschreibungen nicht auszudrücken vermögen.

Günter, ein Alkoholiker, hatte vor über 12 Jahren durch mehrfache Übertretungen der Hausordnung einer Klinik die Langmut der Ärzte und Mitpatienten so strapaziert, daß er von einem Tag auf den anderen entlassen wurde. Voller Wut, verzweifelt und hoffnungslos fuhr er nach Hause. Dort ließ ihn seine zweite Frau – die erste ließ sich wegen seines Alkoholismus von ihm scheiden – nicht mehr in die Wohnung, sondern reichte ihm zum Wohnungsfenster im Tiefparterre einen Koffer raus, der das Notwendigste zum Weiterexistieren enthielt.

All sein Bitten und Betteln, seine mit großem schauspielerischem Talent vorgebrachten Schwüre und Versprechungen, die der Ehefrau sattsam bekannt waren, änderten deren Haltung nicht. Günter, dessen Bericht seinen weiteren Weg durch Obdachlosenasyle, Arbeitslosigkeit, Umherziehen mit Pennern, Ausnüchterungszelle, Notaufnahmen in Krankenhäusern, Mundraub, Betteln, Suizidversuche und vieles andere mehr bis zu dem Zeitpunkt beinhaltete, als er erneut zu den Gruppen der »Anonymen Alkoholiker« stieß, die er während seines »Kur-Aufenthaltes« bereits kennengelernt hatte, schloß seine Lebensgeschichte vor anderen Alkoholikern mit den Worten: »Wenn ich damals noch eine »*Mutter*« gehabt hätte ..., stünde ich heute nicht vor Ihnen allen!«

Besonders Eltern können Ärzten erbitterte Vorwürfe machen, wenn der Behandlungserfolg ausgeblieben ist und u.U. in der Folgezeit der Betroffene seinem Leben ein Ende bereitete. Es wird dann ein unerschütterlicher Glaube in die Behandelbarkeit der Störung gesetzt, der dann in dem Vorwurf gipfelt: Wenn der Sohn oder die Tochter richtig behandelt worden wäre, hätten Folgeerkrankungen, Ehescheidung, Kriminalität, Gefängnis und/oder Suizid vermieden werden können.

Wie oft können wir erleben, daß selbst, nachdem der Partner nüchtern geworden ist und anfängt, ein selbständiges, mehr und mehr erfüllendes Leben zu führen, der andere Partner immer noch die Angst vor dem Rückfall geradezu für sich selbst braucht, um nicht in einem eigenen Entzugsprozeß sich »nüchtern« der neuen Realität stellen zu müssen. Die alte, ängstliche, beobachtende, kontrollierende, zweifelnde Haltung überträgt sich hemmend und störend auf den andern Partner. Es verlangt ein eigenes völliges Umdenken und Umfühlen, um dem ehemals trinkenden Partner die Verantwortung für seine Nüchternheit ganz in die Hand zu geben. Dies bedeutet Aufgeben der eigenen Haltung und eine neue finden.

Gelingt es dem »Co-Alkoholiker« nicht, zu einer neuen inneren Einstellung, einer Reifung und Selbstfindung zu kommen, werden diese Frauen und Männer – wie wir es häufig erleben – nach einer Scheidung von einem Alkoholiker ganz gezielt als nächsten Ehepartner einen anderen Alkoholiker finden, mit dem sich meist dann das gleiche qualvolle Schicksal wiederholt. In einigen Fällen ist uns bekannt geworden, daß solche Angehörige nicht nur einmal, sondern mehrmals diesen Weg gegangen sind. – Es kann auch der Fall eintreten, daß der trinkende Partner trocken und nüchtern wird und der Co-Alkoholiker die Veränderung, die sich daraus im Zusammenleben ergibt, nicht in sich selbst mit vollziehen kann. Dann halten es die beiden miteinander nicht mehr aus. »Als er/sie noch trank, war noch leichter mit ihm/ihr auszukommen als jetzt, da er/sie trocken ist.«

Ehepartner verfallen über Jahre und Jahrzehnte den Erklärungsversuchen, den Rationalisierungen und Minimisierungen, den überzeugend klingenden Alibis des anderen Partners. – Jeder von uns hat seine eigenen Vorstellungen und ein Bild von *dem Alkoholiker*. In uns allen spukt mehr oder weniger ausgeprägt die immer noch nicht überwundene Vorstellung eines willensschwachen, amoralischen, haltlosen und sicher genetisch geschädigten Individuums, das oft nicht weit vom Bild des Penners und Landstreichers entfernt ist. – So fällt es den Co-Alkoholikern schwer, und ganz besonders den Lebenspartnern, im anderen einen Alkoholiker zu sehen. Verzweifelt weisen sie dies von sich. Sie wissen nicht, daß es eine fortschreitende, zu Siechtum und Tod führende Störung ist. Eine häufig geäußerte Meinung ist: »So schlimm und so weit ist es bei meinem Partner noch nicht!« – »Wenn er trinkt, tut er das nie in der Öffentlichkeit. Er wird nie auffällig, er ist immer noch seiner Arbeit regelmäßig nachgegangen; erst letzthin wurde er befördert; er ist bei seinen Kollegen beliebt; wohl hat er mal über den Durst getrunken, aber welcher Mann tut das nicht; wer schwer arbeitet, darf sich auch mal etwas gönnen; er soll sich ruhig mal entspannen dürfen; er ist auch ein lieber Vater; er sorgt für die Familie; mit der Polizei gab es auch noch keinen Ärger; die Leberstörung hat sich unter der Behandlung sehr rasch gebessert; zwischendurch hat er immer mal auch Tage und Wochen nicht getrunken; wenn mal Trinkexzesse auftreten, dann eben nur alle 8 oder 12 Wochen; er sieht danach auch alles ein und dann geht es sogar eine ganze Weile wieder sehr gut!«

Die *Partner* lügen, wenn die Polizei vor der Tür steht, die sie selbst oder die Nachbarn in einer verzweifelten, lebensbedrohlichen Situation gerufen hatten, weil sie Angst vor der Unberechenbarkeit des Trinkenden und vor seinen oft wiederholten Drohungen haben. Sie erfinden abenteuerliche Geschichten und Ausreden, wenn sie mit oft erheblichen Verletzungen nach einer tätlichen Auseinandersetzung mit dem Partner zum Arzt oder ins Krankenhaus kommen. Sie glauben immer wieder die herzerweichenden, theatralisch wirkungsvoll vorgetragenen und im Moment ernstgemeinten Versprechungen und Schwüre des anderen, *morgen* mit dem Trinken endgültig aufzuhören. Sie entwickeln einen kriminalistischen Spürsinn, Alkohol-und/oder Tablettenverstecke aufzudecken und die für den Alkoholiker so unendlich schwer wegzuschaffenden *leeren* Flaschen ihm aus dem Weg zu räumen. Nimmermüde gießen sie den Inhalt von Flaschen in die Spüle und werfen Tabletten in die Toilette. Sie verständigen Geschäftsleute, daß sie keine Alkoholika mehr an den Angehörigen abgeben sollen. Sie fangen an, selbst abstinent zu leben, schließen sich Temperenzvereinigungen an und schließen die eigenen Vorräte ein. Sie bringen an den Flaschen heimlich nur für sie erkennbare Meßmarken an. Der Alkoholiker hat das schon längst herausgebracht und füllt die leere Ginflasche mit Wasser zur entsprechenden Höhe auf. Sie erfinden ohne Unterlaß Ausreden, wie z.B. Grippe, Ischias, Arztbesuch, Zahnarzttermin, Tod eines Angehörigen, wenn der Betroffene nicht zum Dienst gehen kann, nur um seine Karriere nicht zu gefährden. Sie sagen Einladungen ab, um Entgleisungen daheim selbst oder bei Freunden und Fremden zu vermeiden. Sie ziehen durch Gaststätten und Kneipen, manchmal sogar mit den Kindern, die sie nicht allein zu Hause lassen können, um den andern eventuell dort zu finden. Sie gehen von sich aus zu Ärzten, Familientherapeuten, Psychologen, Psychotherapeuten, zu Beratungsstellen, Fürsorgern, Gesundheitsämtern; sie machen endlose Wege, um Hilfe für den anderen – nicht für sich selbst – zu finden. Sie strengen sich daheim noch mehr an als sie es schon getan haben, wenden alle Unannehmlichkeiten von ihm oder ihr ab, beziehen die Kinder mit ein und verpflichten diese, alle nur möglichen Störungen zu vermeiden. Sie erzählen den Kindern, daß der Vater oder die Mutter überarbeitet sei, zu viel Sorgen und Streß hätten – auch ihretwegen –, betonen immer und immer wieder, daß alles besser werden würde, sobald die anstehenden Probleme gelöst seien. – Und die Kinder, auch die kleinen, wissen bereits alles. Sie wischen weiter treu und brav Erbrochenes auf, nähen, waschen, kommen für Schäden auf und zahlen unerwartete, unsinnige Rechnungen.

So fahren sie jahre- und jahrzehntelang blind vertrauend, hoffend, leugnend, liebend auf dem Karussell der Misere mit. Im Herzen tragen sie die Überzeugung: Meine Liebe wird es schon schaffen. – Keiner der Außenstehenden bemerkt, wie die unmittelbar Mitbetroffenen fassungslos, ratlos, entsetzt, verzweifelt, hilflos, resigniert, zutiefst verletzt, rasend vor Wut, Todeswünsche im Herzen, sogar schlußendlich bereit – geschüttelt von Abscheu vor sich selbst –, den andern im Erbrochenen ersticken zu lassen oder ihn – wie mir eine Al-Anon unter Tränen schluchzend berichtet hat – kaltblütig umzubringen.

Dazu Märta *Tikkanen*[20]: »Du erzählst davon, wie Du viele Nächte hinter der Tür, mit dem Kopf auf Deinem Hund, eingeschlafen bist, wie Du weinend auf dem Rad herumfuhrst, als Dein Hund gestorben war, daß der Hund Dir mehr bedeutete als Dein Vater und Deine Mutter, die nie nüchtern und nie zu Hause waren und die nicht wußten, was sie mit Dir anfangen sollten. Das ist traurig und Du weinst.

Ich sitze auf dem Stuhl Dir gegenüber und habe viel Zeit zum Nachdenken, denn die Geschichte ist lang, und es ist nicht das erste Mal, daß ich sie höre. Du erzählst, und währenddessen frage ich mich, warum Du nichts über die Abende sagst, an denen Deine Kinder nicht einzuschlafen wagten, sondern um die Ecken schlichen und Dich belauerten – Papi hat doch nicht schon wieder mit dem Trinken angefangen, wie geht es Papi, er riecht doch nicht nach Kognak, er trinkt doch ganz bestimmt nichts heute nacht? Während Du Dich in den Schlaf weinst, weil Du es so schwer hattest mit einem Vater, der Alkoholiker war, sitze ich da und frage mich, wann mein Haß Dich verbrennen wird zu weißer Asche, während Du schluchzend da liegst, ohne einen Gedanken daran, daß Du ja auch ein Vater bist.

Du fragst mich, wer Du für mich bist, und plötzlich fällt es mir schwer, Dir zu antworten. Du warst meine Sehnsucht nach Nehmen und Geben, eine einzige große Antwort auf mein Verlangen nach jemand, der mich braucht. Nur an Deiner Seite wollte ich stehen, nur Dir vertrauen, nur auf Dich wollte ich bauen, Dich nie im Stich lassen, was

auch kommen mochte. Du warst eine so dreiste Herausforderung, daß kein Weg an Dir vorbeiführte. Du warst eine Aufgabe, die allzu schwierig war und gerade deshalb bewältigt werden mußte, und ich wußte, daß Du es bist, dem meine Kinder gleichen sollten. In Dir steckten alle Möglichkeiten, gab es Zukunft und Entwicklung, Du warst gemeinsamer Kampf und die unmögliche Hoffnung auf eine Veränderung. Du warst bodenlos, und ich war bodenlos, und wir wollten ineinander versinken. Aber im Laufe der Jahre ist irgendwas geschehen.
Heute bist Du der, mit dem ich die Wohnung teile. Kein Dialog ist mehr möglich, wie haben die Sprache verloren, uns fehlt das Wörterbuch, wir können keinen Text mehr ablesen, und die Regeln der Grammatik haben wir nie gelernt – wir haben immer nach der Naturmethode gesprochen. Jetzt bewegt der Mund sich stumm, die Hände fuchteln wild, die Füße stampfen heftig, wir rudern mit den Armen und kapieren doch überhaupt nichts. Aber wir werden es noch eine Weile weiterversuchen, verzweifelt und ohne Hoffnung, bis wir schließlich einsehen, daß wir schon längst aufgegeben haben.
Eine Zeitlang habe ich Flaschen versteckt und habe rasch einen Rest in Blumentöpfe und Aschenbecher und aus dem Fenster gekippt, wenn Du mir den Rücken zugedreht hast. Jetzt pfeife ich darauf. Je schneller Du Dich vollaufen läßt, um so früher schlaffst Du ab, und um so eher habe ich wieder Zeit für Dinge, die ich lieber tun möchte als mir unentwegt Dein Gequatsche anzuhören –, den Kindern vorlesen, selbst etwas lesen oder in Ruhe schlafen.
Außerdem braucht man jetzt nicht mehr lange zu warten, wo Du schon von einem Fingerhut besoffen wirst und sofort kotzt und weg bist. Wie praktisch. Man spart sowohl Zeit als auch Geld.«
Die *Kinder* bekommen zu allen möglichen Stunden des Tages die Szenen mit, die sich zwischen Vater und Mutter abspielen, wenn einer oder sogar beide betrunken sind. Sie fangen an, die Ursache für den Zustand ihres Vaters und/oder ihrer Mutter bei sich selbst zu suchen. Schon lange bringen sie keine Freunde und Schulkameraden nach Hause, weil sie den beschämenden Anblick des einen oder anderen Elternteils nicht zulassen wollen, weil sie die Schmach nicht ertragen können, Kinder von Säufern zu sein. Sie erleben, wie der Vater oder die Mutter unberechenbar in ihren Reaktionen werden. Wieviele Kinder werden täglich gezwungen, den nötigen Stoff heranzuschleppen und immer weiter mitzulügen. Wieviele empfinden den Makel an sich selbst, ziehen sich zurück, finden sich abstoßend, erleben sich verfemt und können die Hänseleien und Sticheleien der Schulkameraden, und auch

die vorwurfsvollen, stummen Blicke der Nachbarn nicht mehr aushalten. Sie ahnen schon sehr früh, was sich abspielt. Sie sind machtlos und können sich nicht dagegen wehren. Und sie ziehen sich mehr und mehr in eine unwirkliche Welt zurück.
Hilf- und Ratlosigkeit herrscht ebenso bei den *Nachbarn,* wie oft auch bei den besten *Freunden.* Über Jahre beobachten sie und wissen alles, aber sie sind sich nicht im klaren, daß hier ein extremer Notzustand besteht. Sie fühlen sich nicht berechtigt, sich in den Familienbereich von andern einzumischen. Meist helfen sie noch mit, die vorgebrachten Entschuldigungen des einen und des anderen Partners zu bestätigen. Hinter dieser Haltung steckt auch die Angst, mit einer ähnlichen Situation im eigenen Leben konfrontiert zu werden. So schwanken sie zwischen den Gefühlen von Mitleid, Abscheu oder Gleichgültigkeit. Ein grausiger, oft gehörter Ausdruck ist: »Das ist deren Bier!«
Besonders gute *Freunde* und *Verwandte* bedauern den Co-Alkoholiker oder bestärken ihn in seinen eigenen Zweifeln, nämlich das Bild zu ernst zu nehmen, gewaltig zu übertreiben. Sie trösten, daß alles wieder in Ordnung kommen werde, sobald die anstehenden Probleme gelöst seien. Sie bestärken den Co-Alkoholiker darin, daß ein so netter Mensch auf keinen Fall ein Alkoholiker sein könne. Auch sie haben ihr Klischeebild vom Alkoholiker. Auch sie haben ihren »Alkohol«, ihre Haltung des Ausweichens und der Flucht.
Bei gesellschaftlichen Anlässen, im *Betrieb,* bei *Vereinen* beobachten immer wieder soundsoviele, daß der eine oder andere »über den Durst trinkt«, sich in seinen Reaktionen abnorm verändert, entweder entgegen seinem sonstigen Verhalten zulässige gesellschaftliche Grenzen übertritt oder sich auffällig zurückzieht, sitzenbleibt, wenn alle andern schon gegangen sind. Auf dem Boden der Vereinskollegialität wuchern dann ganz üppig die Rationalisierungen und Bagatellisierungen. Gerade hier, im Rahmen der Kameraderie, könnten entscheidende Anstöße dem Hilferufenden vermittelt werden. Sie unterbleiben aber, weil wir alle nicht dafür ausgebildet, entsprechend informiert und oft auch nicht aus unserer eigenen Situation dazu in der Lage sind.
Die *Kindergärtnerinnen* erleben oft deutlich, daß das eine oder andere Kind verschüchtert und verängstigt ist, einen Sprachfehler hat, einnäßt, Eßstörungen aufweist und häufig auch Zeichen von Mißhandlungen. Sie spürt deutlich, daß die Mutter auf direkte Fragen hin ausweicht. Sie hätte oft von ihrer Position her die Gelegenheit, den ersten wesentlichen Anstoß zum Handeln zu geben.
Die *Lehrer* sind in einer ähnlichen Situation. Sie erleben die Lernschwie-

rigkeiten und die Unkonzentriertheit wie auch die Verängstigung und den damit verbundenen Leistungsabfall. Viele haben beobachtet, wie die Schulkameraden das betreffende Kind auslachen und hänseln, weil der Vater oder die Mutter Trinker sind. Nur selten kommt aus den vorgenannten Gründen von den Lehrern her der not-wendige Einfluß. Vielen *Pfarrern* bleiben diese Zustände in den Familien nicht verborgen. Das gesamte Stadtviertel weiß sowieso, was der eine Elternteil noch verbergen möchte. Doch auch ihnen fehlt es am Rüstzeug, das entscheidende Wort zu sprechen und auch die ersten entscheidenden Schritte zu tun. Oft wäre es besser, keine Almosen und auch keine Kleider, keine »warme Suppe« an der Tür des Pfarrhauses zu verteilen, sondern die betreffenden Personen an die Hand zu nehmen und – es mag seltsam und vielleicht lächerlich klingen – zum nächsten AA-Meeting persönlich zu führen; im wahrsten Sinne des Wortes mit dem andern mehr als eine Meile zu gehen. Der bereits schon erwähnte junge englische Arzt Thomas *Trotter* hat in seiner Studie »An Essay, medical, phylosophical, and chemical on drunkeness, and its effects on the human body« (London, 1804) klar zum Ausdruck gebracht, wie wichtig es ist, das Vertrauen des Trinkers zu gewinnen.
Konstantin *Wecker* sagt in diesem Zusammenhang allen Co-Alkoholikern: »Wir brauchen keine Helfer und Erlöser, deren Arme immer zu kurz sind, um uns von diesen hohen Rossen herab auch nur annähernd erreichen und anrühren zu können. Ach wie erheben sich die Privilegierten, die in irgendwelchen Zuchtanstalten ihr Hirn, getrennt von Seele und Körper, aufmotzen durften über die Ungebildeten, wie verzichten sie doch großmütig auf ihr Privileg, um uns belehrend zur Seite zu stehen. Da muß wohl die Angst das Wort führen.
Es ist dies die ewige Angst der Starken vor den Schwachen, der Männer vor den Frauen, der Eltern vor den Kindern. Alle, die erziehen wollen, sind zu feige, von denen zu lernen, denen sie sich vermitteln sollten.
All die Dogmatiker sind sich ihrer selbst und ihrer Thesen so unsicher, daß sie die ganze Welt zwingen wollen, etwas zu bestätigen, woran sie selbst nie glauben können.
Einem Drogensüchtigen kann man nicht helfen, höchstens Brücken bauen. Er traut nur Gleichgestellten, die ihn nicht in ihr eigenes Lager führen wollen, sondern einfach mal liebevoll die Hand ausstrecken und ihn dann auch nach seinem eigenen Willen und Weg weiterziehen lassen.«[21]
Apothekern, die sich meist nach mehreren Berufsjahren eine ausgezeich-

nete Menschenkenntnis angeeignet haben, kann es nicht entgehen, daß ihnen nach und nach bekannte Personen größere Mengen Schmerz- und Beruhigungsmittel, Schlaftabletten, Hustensirup kaufen und die deutliche Facies alcoholica und das entsprechende Auftreten haben. Sie erleben hinter dem Ladentisch ihre Machtlosigkeit. Selbst wenn sie etwas tun wollten, könnten sie es nicht. Auch sie stehen allein. Wer oder was in unserer Gesellschaft würde ihnen dazu das Recht geben: einzig und allein, daß sie ein Mensch sind.

Wie viele *Geschäftsleute, Wirte, Bedienungen, Verkäufer* wissen haargenau, wann sie zu den möglichen und unmöglichsten Zeiten Alkohol an Menschen abgeben, die keinen mehr bekommen sollten. Sie verkaufen ihn auch an kleine Kinder. Ich erinnere an das Experiment von Frau Dr. med. Waltraud *Kruse*[22], Ärztin, Psychotherapeutin und Bürgermeisterin von Aachen, das 1980 durch die Presse ging. Für die Pressefotografen haben Kinder auf dem Marktplatz große Mengen von Alkoholika zusammengetragen, die sie ungehindert in den verschiedensten Läden erwerben konnten.

Die *Wirte* kennen ihre Kunden und deren Lebenssituation meist sehr genau. Ihre Stellung in unserer Gesellschaft verbietet es, daß sie sich in die persönlichen Angelegenheiten ihrer Gäste einmischen. Nun, »die persönliche Angelegenheit der Gäste« – und das muß immer und immer wieder wiederholt werden –, diese persönliche Angelegenheit ist eine Störung, die einen Menschen und sein gesamtes Umfeld in das Leid, das Siechtum und in den Tod führt.

Arbeitgeber und *Mitarbeiter,* Kollegen am Arbeitsplatz, Vorarbeiter, Meister, Abteilungsleiter und höhere Vorgesetzte in Betrieben, Behörden und Streitkräften decken oft über Jahre und Jahrzehnte verdiente und bewährte Mitarbeiter und liefern die entsprechenden Entschuldigungen für sein Trinken und auch für den Arbeitsausfall, nur um seiner Karriere nicht zu schaden, nichtsahnend, daß sie den Betreffenden an der Früherkennung seiner zum Tod führenden Störung hindern und vereiteln, daß er in einem Genesungsprozeß über die Krise zu einem erfüllten Leben kommt. – Entgleisungen bei Betriebsfeiern, Fehlzeiten durch Krankheit, Nachlassen der Arbeitsleistung und Absinken der Arbeitsqualität werden immer wieder gedeckt.

Angestellte in den höheren Rängen sind dabei mehr benachteiligt als der Arbeiter. Höhergestellte deckt man länger, hilft zu überbrücken, akzeptiert auch die unsinnigsten Entschuldigungen. Dadurch haben sie nur eine ganz geringe Chance, frühzeitig mit ihrem Zustand konfrontiert und einer entsprechenden »Behandlung« zugeführt zu werden.

Ein Arbeiter, der auffällt, stört, unbequem wird und in seiner Leistungsfähigkeit nachläßt, erfährt früher und schneller – mindestens am Arbeitsplatz – die Konsequenzen seines Verhaltens, das ein einziger Hilferuf ist. Er hat schneller Aussicht, die entsprechende Hilfe zu finden.

Polizeibeamte drücken bei einem leichteren Delikt, das zweifelsohne unter dem Einfluß von Alkohol erfolgt ist, des öfteren ein Auge zu, vor allem, wenn die sprichwörtliche Beredsamkeit, Findigkeit, Überzeugungsgabe des Alkoholikers ankommt. – Störende, randalierende Betrunkene werden auch heute noch zur »Ausnüchterung« in die Arrestzelle gesperrt. Mehr geschieht auch nicht, obwohl der Festgenommene ein einziger Hilfeschrei ist. Er gehört in ein geeignetes Krankenhaus, sollte mindestens einem Arzt vorgestellt, von diesem untersucht, mit einem Angehörigen der »Anonymen Alkoholiker« so schnell wie möglich in Verbindung gebracht werden. Jeder Polizeibeamte sollte eine kleine Karte der regionalen Kontaktadressen und der Meetings der Anonymen Alkoholiker zum Verteilen in der Tasche tragen. Wieviele Alkoholiker in den USA haben mir dankbar berichtet, daß sie nach ihrem Kurzaufenthalt bei der Polizei und/oder in einem Krankenhaus in irgendeiner Tasche ihrer Kleidung eine solche Karte vorgefunden hatten. Oft konnten sie sich an die Umstände, sowohl der Festnahme wie auch der Aufnahme im Krankenhaus, wegen ihres Palimpsests (black-out, Filmriß, Amnesie, Erinnerungslücke) nicht mehr erinnern.

Es geschieht sehr häufig, daß *Streifenbeamte* in höchster Not von Familienmitgliedern oder Nachbarn zu Privatwohnungen gerufen werden, wo der Angetrunkene die Familie und oft eine Schar verängstigter Kinder in Schach hält. Diese Aktionen enden meist an der Wohnungstür, wo der Trinker – plötzlich ernüchtert durch das Erscheinen der Polizeibeamten – eine Bravourleistung von Schauspielkunst hinlegt und den Ordnungshütern klarmacht, daß es ein falscher Alarm war. Die eingeschüchterten Angehörigen, die Repressalien fürchten, wagen es nicht, den lebensbedrohlichen Vorgang zu Protokoll zu geben. Im Grunde wissen die Polizeibeamten genau, was sich in der Familie abspielt. Oft war es nicht der erste Vorgang dieser Art. Aber sie haben weder das Recht noch die Schulung noch die genügende Information, hier ein für allemal entscheidend und nachdrücklich einzugreifen. Eine Meldung der beobachteten Vorgänge an das zuständige Gesundheitsamt ist nicht zulässig.

Rechtsanwälte, darunter auch solche, die im Scheidungsrecht spezialisiert sind, hätten eine hervorragende Schlüsselposition, die Weichen in Richtung Konfrontation, Intervention und Behandlung zu stellen. Wir wissen es aus den Lebensgeschichten unserer Patienten, daß sehr oft Rechtsanwälte mit ihrem Können und Wissen dazu beigetragen haben, daß dem Alkoholiker und auch dem Co-Alkoholiker noch einmal die Konfrontation mit seiner/ihrer in den Abgrund führenden Situation »erspart« geblieben ist.

Nur ganz wenige *Richter* wissen etwas über »das Delikt als Symptom« Bescheid. Der Referent erinnert sich sehr genau an eine Gerichtsverhandlung, an der er als Sachverständiger teilnahm, und ein Alkoholiker wegen Mundraubs angeklagt war und in Untersuchungshaft saß. Der Referent hatte Gelegenheit, eine Darstellung des Alkoholismus dem Gericht vorzutragen. In der Verhandlungspause kam der Richter auf den Referenten zu, nahm ihn am Arm und flüsterte ihm ins Ohr: »Mir ist es bei Ihren Ausführungen über die Entwicklung und die verschiedenen Phasen der Alkoholkrankheit ganz mulmig geworden. Ich habe sehr viele Symptome andeutungsweise bei mir selbst erkannt.« Das Urteil fiel sehr milde aus. Der Alkoholiker bekam als Auflage, die Gruppen der Anonymen Alkoholiker regelmäßig zu besuchen. Er wurde auf freien Fuß gesetzt. – Die Praxis sieht jedoch anders aus. In den Krankengeschichten sind häufig Schilderungen zu lesen, wonach Patienten drei-, vier- und fünfmal wegen des gleichen Delikts unter dem Einfluß von Alkohol verurteilt wurden. Dabei hat man es nicht mit strafrückfälligen Tätern zu tun, sondern mit einem Menschen, der mit dem Delikt um Hilfe schreit.

Die Medien wie *Presse, Funk* und *Fernsehen* und auch die medizinische Fachpresse erregen das Interesse ihrer Leser, Zuhörer und Zuschauer, ein Bild, wie es in vielen Köpfen der Uninformierten spukt, das Bild des Penners, des Clochards[23]. Es ist für mich immer sehr schmerzhaft, wenn ich oft auf Titelseiten diese Bilder des Alkoholikers zu sehen bekomme, der nicht einmal 1 % der gesamten Alkoholiker ausmacht. Wir lenken damit von den 2 Millionen Alkoholikern ab, die unter uns leben und die genauso aussehen wie Du und ich. Wie soll es unter diesen Umständen möglich sein, wenn nicht subtile Erkennungszeichen vermittelt werden, daß sehr frühzeitig der Alkoholiker im Anfangsstadium erkannt, der Co-Alkoholiker auf seine besondere Haltung und Ver*antwort*ung angesprochen wird, und beide eine Neuorientierung erfahren?

Der *Gesetzgeber* und unsere soziale Gesetzgebung verhindern oft über Monate und Jahre, bei Alkoholikern die entsprechende Konfrontation

und die Intervention durchzuführen. Sozial verstandene finanzielle Unterstützungen, die den Alkoholikern nicht entzogen werden können, helfen mit, daß der Alkoholiker seinen autodestruktiven Kurs weiterfahren kann und nicht vor der Wand, die nicht mehr nachgibt, also an seinem Tiefpunkt, landet, wo Entscheidungen fallen können. Es sollte hier deutlich erwähnt werden, daß der Tiefpunkt (»hitting bottom«[24]) kein geografischer Ort wie z.B. die Gosse ist, sondern ein innerer Zustand, wo der Betreffende erfährt, daß nur eine entscheidende Änderung Aussicht auf neues Leben gibt.
Der bereits erwähnte Father Joseph C. *Martin* berichtet in einem seiner Filme, wie ein Ingenieur durch drei Worte seines achtjährigen Sohnes den Tiefpunkt erreichte, als er betrunken nach Hause kam: »Vati, Du stinkst!«
Schwerbehinderte sind am schlimmsten davon betroffen, weil sie nicht so ohne weiteres »vor die Tür und auf die Straße gesetzt« werden können. Diese Art der Hilfe ist oft der Grund, warum nicht aktiv und gezielt eingeschritten werden kann.
In den »Anhaltspunkten für die ärztliche Begutachtung Behinderter nach dem Schwerbehindertengesetz« von 1977, herausgegeben vom Bundesminister für Arbeit und Sozialordnung, ist unter der Überschrift »Alkoholkrankheit« folgendes zu lesen: »Eine Alkoholkrankheit liegt vor, wenn ein chronischer Alkoholkonsum zu körperlichen oder psychischen Schäden geführt hat. Die MdE-Bewertung ist vor allem von dem Organschaden und seinen Folgen abhängig (z.B. Leberschaden, Polyneuropathie, organisch-psychische Veränderung, hirnorganische Anfälle). Bei nachgewiesener Alkoholabhängigkeit mit Kontrollverlust und erheblicher Einschränkung der Willensfreiheit ist die Gesamt-MdE aufgrund der Alkoholkrankheit in der Regel nicht niedriger als 50 v. H. zu bewerten.
Der Nachweis einer Abhängigkeit ist erst erbracht, wenn eine sachgerechte Entziehungsbehandlung durchgeführt worden ist und keinen bleibenden Erfolg gehabt hat.
Ist bei nachgewiesener Abhängigkeit eine weitere Entziehungsbehandlung durchgeführt worden, muß eine Heilungsbewährung abgewartet werden (im allgemeinen zwei Jahre). Während dieser Zeit ist in der Regel eine MdE um 30 v. H. anzunehmen, es sei denn, daß der Organschaden noch eine höhere MdE bedingt.«
Der Verfasser ist sich der schwierigen Situation des Gesetzgebers gerade auf dem Gebiet der sozialen Verordnungen und Gesetze bewußt. Es muß aber hier in aller Deutlichkeit betont werden, daß hier eine Hilfe

gegeben wird, die den Begünstigten in noch immer größere Hilflosigkeit hineingleiten läßt. Eine solche Gesetzgebung kann nur vor dem Hintergrund der allgemeinen Hilflosigkeit und Uninformiertheit im Lager der Co-Alkoholiker verstanden werden. Wie und wo und durch wen soll denn der Alkoholiker aufgefangen werden können, wenn das Umfeld ihn nicht kennt oder nicht kennen will oder zum Fall einer medizinischen Behandlung macht, wohin er nicht gehört.
William Griffith *Wilson* (1895–1971) wäre nicht 1935 zum Mitbegründer der *Anonymen Alkoholiker* geworden, wenn ihn nach seiner 41. Internierung im Krankenhaus im Alter von 38 Jahren ein Gesetz noch in den Genuß einer Mindest-MdE von 50 % und vielleicht darüber hinaus gebracht hätte. Er war damals an seinem Tiefpunkt angekommen. Er stand vor der Entscheidung, entweder elendig zugrundezugehen oder zu einem neuen Leben zu gelangen. Er mußte bedingungslos kapitulieren. Bedingungslos kapitulieren, »surrender« in der Bezeichnung des Psychoanalytikers und Psychiaters Harry M. *Tiebout*, ist das Geheimnis der Wirksamkeit der *Anonymen Alkoholiker*. Wenn keine andere Hilfe von außen versprochen und herangetragen werden kann, dann kann es zu einer Umkehr kommen.
Dr. med. Robert Holbrook *Smith* (1879–1950), der andere Mitbegründer der *Anonymen Alkoholiker*, mußte durch eine ähnliche Erfahrung gehen. Ihm wurde 1934 das Skalpell aus der Hand genommen und er mußte das St. Thomas-Hospital in Acron, Ohio verlassen. Keine Hilfe war für ihn die entscheidendste Hilfe.
Die *Anonymen Alkoholiker* setzen sich größtenteils aus denen zusammen, die keine Problemlösung angeboten bekamen, sondern – wie es Konstantin *Wecker* in dem vorerwähnten dritten Brief zum Ausdruck bringt –, denen die hingestreckte Hand, das Beispiel der Erfahrung von »Gleichgestellten« Mut und Hoffnung zum »eigenen Willen und Weg« schenkte.
Alkoholiker, die nicht mehr trinken, also trocken geworden sind, aber noch nicht nüchtern, können – ohne daß sie es oder die andern merken – zum Co-Alkoholiker eines anderen Alkoholikers werden. Es wird daher in den Gruppen der *Anonymen Alkoholiker* den Neulingen empfohlen, zunächst über Monate zuzuhören und dazu die Watte aus den Ohren zu nehmen und in den Mund zu stecken. In vielen Gruppen an der Ostküste der Vereinigten Staaten dürfen die Neulinge in den ersten drei Monaten nichts reden, sondern nur zuhören. Sehr leicht können sie zur Falle, zur Versuchung für einen anderen Alkoholiker werden, indem sie bei diesen entschuldigen, was sie bei sich selbst

noch nicht bereinigt haben. Überall lauern für den abstinenten Alkoholiker die Co-Alkoholiker als die geborenen Helfer, die »Mütter und Väter vom Dienst«, die den Alkoholiker in seiner Hilflosigkeit und Unselbständigkeit brauchen. In den Gruppen der *Anonymen Alkoholiker* führt es zum »Pairing«, eine Form der Pathobiose, mit gleichschwachen oder hilfsbedürftigen Neulingen. Sehr oft praktizieren diese den 13. Schritt, eine humorvolle Formulierung dieser Fortsetzung der 12 Schritte, die meist eine unreife emotionale und/oder sexuelle Beziehung beinhaltet. Diese »Mütter und Väter vom Dienst« sind in allen Einrichtungen der helfenden Berufe vorhanden.

Dr. med. Joseph A. *Pursch,* Sanitätsoffizier und Fliegerarzt der US-Navy, Begründer und langjähriger Leiter einer der besten Behandlungsstätten der US-Navy für Alkoholiker in Long Beach, California, bezeichnete sich selbst in dem oben beschriebenen Sinn des Helfers als einen »recovering alcoholic abuser« (einen genesenden Alkoholiker-Mißbraucher). Und nun wären wir, im Rahmen der lückenhaften Aufzählung von Co-Alkoholikern, bei der Hauptgruppe dieser Gattung angelangt, die sich im Gefolge unseres Kollegen Magnus *Huss* seit 1849 in immer größerer Zahl rekrutieren.

Bei den Verordnungen mancher *Ärzte* möchte man den Schluß ziehen, daß diese Kollegen den Alkoholismus für eine Valium-, Distraneurin-Mangel-Erkrankung halten.

Wir *Ärzte* stehen an einer ver*antwor*tungsvollen Stelle und können entscheidend dazu beitragen, ob der »Alkoholismus« in dem gesamten betroffenen Umfeld frühzeitig erkannt wird und alle Betroffenen erreicht werden, oder ob sich die Hilfesuchenden in dem unübersichtlichen Gestrüpp unserer Ansichten und Meinungen weiterhin verstecken können, bis jede Hilfe zu spät kommt. In einer Untersuchung an 11 355 Frauen und Männern, die Meetings der *Anonymen Alkoholiker* in den Vereinigten Staaten und Canada besuchten, stellte Dr. John L. *Norris*[25] bereits Juli 1968 während des »28th International Congress on Alcohol and Alcoholism« in Washington[26] fest, daß 16,2 % der Befragten durch Hinweis ihres Arztes, 6,5 % durch Geistliche, 1,9 % durch Krankenhäuser, 1,0 % durch Psychologen und 0,4 % durch Sozialarbeiter zu den *Anonymen Alkoholikern* fanden. Untersuchungen in den späteren Jahren, so auch in Deutschland, führten zu ähnlichen Ergebnissen.

Pädiater sehen prä- und perinatale Schädigungen durch chronische Alkoholintoxikation. Hier liegt es nahe, über das Gebiet der Pädiatrie hinaus in Zusammenarbeit mit anderen Kollegen das Umfeld anzugehen.

In einer ähnlichen Situation ist der Psychiater, Neurologe, der Chirurg, der Internist, die Hausärzte. Oft lassen wir uns durch die Angaben des Trinkenden irreführen. Unzählige Alkoholiker liefen über Jahre unter den verschiedensten Diagnosen wie neuro-vegetative Dystonie, Herz-Kreislauf-Neurose, Magen-Darm-Katarrh, orthostatische Dysregulation, psycho-physischer Erschöpfungszustand usw. durch die Praxen und Krankenhäuser. Interessanterweise zahlen die privaten Krankenversicherer Unsummen für die Behandlung der unter diesen Diagnosen laufenden Patienten. Sobald aber die richtige Diagnose gestellt wird, nämlich chronischer Alkoholismus, und der Betreffende die Behandlung bekommt, die Aussicht auf Wiederherstellung gibt, zahlen die privaten Krankenkassen nicht mehr.

So sind Ärzte dazu übergegangen, von einem »sekundären Alkoholismus« zu sprechen, dem ein komplexes, unbewußtes Konfliktgeschehen zugrunde liegt. Diese Ansicht jedoch verschiebt den Akzent auf das intrapsychische Konfliktgeschehen und nicht auf eine bedingungslose Kapitulation (surrender), auf die totale Abstinenz (TA), die die conditio sine qua non ist für jede Haltungsänderung und Genesung.

Wieviele Gefälligkeitsatteste sind über Jahre hinweg Alkoholikern ausgestellt worden, damit ihre berufliche Laufbahn und Karriere keinen Schaden nimmt. Und der Alkoholiker findet schnell heraus, bei welchem Arzt er ein entsprechendes Attest bekommen kann. Es gehört eine längere Erfahrung mit Alkoholikern und mit den eigentlichen Auffälligkeiten dazu, um nicht in der bedrückenden und scheinbar auswegslosen Situation des Alkoholikers nachzugeben. Doch jeder Arzt weiß, daß, wenn er das Rezept nicht ausschreibt, irgendein anderer der vielen Kollegen das tun wird. Wir haben uns noch nicht darüber verständigen können. Das bedeutet, daß viele, die verzweifelt nach Hilfe suchen, sich weiter belügen müssen.

Wieviele unserer »Patienten« haben Jahre in Einzeltherapien oder in Gruppenpsychotherapien verbringen können, ohne daß der Behandelnde ihren permanenten, chronischen Intoxikationszustand bemerkt hatte. Es soll nicht geleugnet werden, daß viele es als sehr wohltuend und ermutigend empfanden, mit und zu einem anderen Menschen sprechen zu können. Doch der Weg zu einer Wandlung geht nur über die totale Abstinenz.

Oft ist es für den Weg eines Alkoholikers ausschlaggebend, daß ein Arzt – auch bei einer kurzdauernden Notaufnahme – mit ihm gesprochen hat, der etwas von der Problematik des Alkoholismus versteht. Es ist oft entscheidend, wie die »Notaufnahme« vom Pfleger oder der

Schwester empfangen wird. Muß sich der Alkoholiker, wie schon so oft in seinem Leben, als eine unerwünschte Person, als Ausschuß, als Strandgut erleben, oder spürt er durch die Art, wie die Menschen ihn behandeln, daß man seinen trostlosen, abstoßenden und oft ekelerregenden Zustand als einen Hilferuf erkennt.
Es wird oft das Argument ins Feld geführt, daß der Betrunkene und hochgradig Intoxizierte überhaupt nicht ansprechbar und erreichbar sei. Mit vielen anderen, die auf diesem Gebiet arbeiten, habe ich die Erfahrung gemacht, daß der Betrunkene erreichbar ist. Es kommt aber auf die Art an, wie man ihm begegnet und zu ihm spricht. Es verlangt eine innere Einstellung, die – trotz des oft abstoßenden Zustandes – dem andern echte Nähe vermittelt. Es ist oft wichtig, daß der Nachtdienstarzt vielleicht am frühen Morgen von der Nachtschwester gerufen wird, wenn der in der Nacht eingelieferte und im Bad abgestellte »Besoffene« gerade zu sich kommt und aufwacht. Hier kann eine entscheidende Begegnung stattfinden. Hier können Weichen gestellt werden, auch für die Angehörigen, die – wenn immer nur möglich – in einem solchen Moment herbeigerufen werden sollten. Und wenn man dafür die Polizei einsetzt, die im Streifenwagen die Angehörigen abholt. In solchen Augenblicken kann die »Impfung«, wie ich es nenne, gesetzt werden. Es können Hinweise auf die Selbsthilfegruppen und entsprechenden Behandlungsstätten gegeben werden. Die »Impfung« muß nicht sofort angehen. Manche Betroffenen brauchen dann noch eine längere Zeit. Aber die »Impfung« muß sitzen. Wichtig ist es auch, daß man die Angehörigen erreicht hat und sie vielleicht bewegen konnte, von sich aus zu den Angehörigengruppen zu gehen. Dort lernen sie dann eine andere Haltung und Einstellung, die ebenfalls den noch trinkenden Partner zu einer Haltungsänderung zwingen werden.
Morris E. *Chafetz,* M.D., in dem von Ruth *Fox* herausgegebenen Band ›Alcoholism – behavioral research – therapeutic approaches‹, hat in einer sehr sorgfältigen Studie gezeigt, wie ausschlaggebend die Motivation der Ärzte in einer Krankenausaufnahmestation dafür ist, ob Alkoholiker frühzeitig erkannt werden und in die entsprechende Behandlung kommen.[27]
Amtsärzte machen nur sehr ungern von der Möglichkeit der Zwangseinweisung von Alkoholikern Gebrauch, und Kliniker in den Psychiatrischen Krankenhäusern behalten Zwangseingewiesene meist nur wenige Tage. Sie wollen diesen Menschen *ersparen,* daß ihnen ein *Stempel* aufgedrückt wird! Der Leidensweg wird aber durch diese *Nachsicht* nachweislich länger. Es ist nur zu verstehen, daß der Gesetzgeber

alles getan hat, daß viele Alkoholkranke früher aufgewacht wären und sich ihrer Situation hätten klarwerden können, wenn in einem intensiven, das gesamte Umfeld mit einbeziehenden Vorgehen alle Fluchtwege für den Alkoholiker und die Co-Alkoholiker hätten abgeschnitten werden können.
Der sogenannte Alkoholismus hat zwei Aspekte. Auf der einen Seite sind es die durch eine chronische Intoxikation, durch eine Noxe, hervorgerufenen Schäden im gesamten Organismus; die durch den Äthylalkohol hervorgerufenen Ausfälle im zentralen Nervensystem und den Sinnesorganen führen dann zu Wahrnehmungs- und Auffassungsstörungen und Veränderungen der Psyche des Trinkenden. Solange der Alkoholiker noch Alkohol zu sich nimmt, kann er weder in einer frühen noch in einer fortgeschrittenen Phase eine vernünftige Entscheidung treffen. Er wird dies nur tun, wenn er seinen Tiefpunkt erreicht hat. Das Umfeld – und da sind wir Ärzte besonders aufgerufen – kann zu diesem Tiefpunkt beitragen, wenn dem noch aktiv Trinkenden die Fluchtwege abgeschnitten werden. Es muß nicht so weit kommen, daß die Noxe durch eine fortgeschrittene Zerstörung und Beeinträchtigung ein weiteres Fliehen verhindert. Es darf nicht mehr von den Lippen eines Arztes kommen: »Schränken Sie Ihren Alkoholkonsum ein, trinken Sie keine scharfen Sachen, ein oder zwei Gläschen können Ihnen nicht schaden, Ihre Leberwerte sind wieder normal« etc.
Sich nicht einmischen, sich heraushalten, heißt, auf die verzweifelten Hilferufe aus dem unmittelbaren Umfeld nicht zu reagieren, oft, weil die Fähigkeit, sich einer solchen Situation und Herausforderung zu stellen, fehlt. Unterlassene Hilfeleistung dort, wo es ums Leben geht, aber nicht nur allein um das Leben eines Menschen, sondern oft vieler. – Wo es aber auch um die Art geht, wie ich mit dem Leben umgehe, ver*antwort*ungslos oder ver*antwort*ungsfähig.
Ich darf nochmals die simple Regel des katholischen Geistlichen Father Joseph C. *Martin* in Erinnerung rufen: »Wenn *Alkohol* Probleme macht, ist Alkohol das *Problem!*« Dies bedeutet ganz einfach totale Abstinenz.
Die andere Seite des Problems ist – in einer einfachen Form – die mangelnde Vorbereitung des Alkoholikers, es mit dem Leben aufzunehmen, Probleme, die das Leben mit sich bringt und die zu ihm gehören, angehen und in einer erfüllenden, befriedigenden und belohnenden Weise lösen zu können. Unzählige Alkoholiker hörte ich sagen, was sich in der nachstehenden Formulierung gültig zusammenfassen läßt: »Als ich zu trinken aufhörte, merkte ich, daß ich Lebensprobleme habe und diesen nicht gewachsen bin!«

»Als ich zu trinken aufhörte...« heißt für uns, das Umfeld, übersetzt: »Als ich mich nicht mehr belog, als ich mir nichts mehr vormachte, als ich nüchtern meine Realität anzusehen wagte...« Wer ehrlich ist, muß jetzt sagen, daß wir uns vom Alkoholiker im wesentlichen *nicht* unterscheiden. Wenn wir uns nichts mehr vormachen, stoßen wir auch auf unser Lebensdefizit, Defizit an Liebe, an Wärme, an Nähe, an Kenntnissen, an Fähigkeiten, an Freudfähigkeit, an Gelassenheit, an Dankbarkeit, an Geduld usw. Auch wir müßten viel und könnten viel dazulernen. Wir alle haben ein Lerndefizit, was Paul *Agnew*, wie bereits vorstehend erwähnt, die »inadequate enculturation« nannte. Süchtig, also siech, krank an der Begegnung mit der Welt sein heißt, ungenügend für diese Welt ausgebildet zu sein.

So ist logischerweise der erfolgreichste, umfassendste und wohlfundierte Ansatz zur »Behandlung« des sog. Alkoholismus die 12 Schritte oder 12 Stufen, das Programm der Anonymen Alkoholiker, keine Alkoholismustherapie oder kein Anti-Alkoholiker-Programm, sondern ein Lehr-Lern-Programm in einer Lehr-Lern-Gemeinschaft (Teaching-Learning-Community, TLC), in der jeder Lernender und Lehrender ist, wo alle vom anderen lernen und von den Erfahrungen, dem Mut, der Hoffnung des Einzelnen profitieren. Es ist eine Gemeinschaft, in der das Lernen durch eine warme, annehmende Begegnung (Tender-Loving-Care, TLC), und aber auch durch Konsequenz und Disziplin (Tender-Loving-Coercion und Tender-Loving-Confrontation, TLC), was auch nur ein anderer Ausdruck von Liebe ist, möglich wird.

Das Wörtchen »Alkohol«, eine Metapher für alles, womit man sich besaufen kann, erscheint nur einmal im ersten Schritt der 12 Schritte: »Wir haben zugegeben, daß wir dem Alkohol gegenüber machtlos sind und unser Leben nicht mehr meistern konnten.« Der erste Schritt ist die bedingungslose Kapitulation (surrender). Der erste Schritt drückt die Bereitschaft aus, ohne die chemische Selbsttäuschung sich dem Leben zu stellen, bereit zu sein für eine Nachreifung, alles daran zu setzen, das Lern- und Erfahrungsdefizit wettzumachen, um mit dem Leben endlich in einen spannenden, aufregenden, oft atemberaubenden, frustrierenden, aber auch beglückenden, befriedigenden und belohnenden Dialog einzutreten, d.h. wirklich zu leben anzufangen: Leben leben lernen. Endlich aufhören, sich – und wenn es nur auf Raten war – das Leben zu nehmen, sondern jetzt sich wirklich das *Leben* zu nehmen, das jedem von uns schon immer zustand.

Oft ist es für das Umfeld, für die Co-Alkoholiker, unverständlich, warum sich Mitglieder selbst nach jahrelanger Trockenheit und Nüchternheit in ihrer Gemeinschaft immer wieder vorstellen und auch in dieser scheinbar stereotypen Weise zu Wort melden, wie z.B.: »Ich heiße Hans und bin Alkoholiker.« Die Außenstehenden, »earth people« in den USA genannt, die keinen Zugang zu dem Programm durch den Besuch der Familien- und Freundesgruppen der Anonymen Alkoholiker, Al-Anon und Al-Ateen genannt, gefunden haben, können nicht verstehen, daß diese formelhafte Wendung erstens eine Erinnerung ist, die besagt: »Ich habe in mir ein selbstzerstörerisches Programm, das sich immer wieder meldet, wenn ich mit Situationen nicht fertigzuwerden glaube.« – Es heißt aber auch, daß »ich mir immer wieder bewußt mache und dies auch andere wissen lasse, daß ich ein neues Leben geschenkt bekommen habe. Jedesmal, wenn ich es sage, feiere ich Geburtstag. Mir ist immer wieder ein neuer Moment beschert worden, in dem ich auf eine andere Art und Weise leben darf. Ich habe eine Neugeburt erlebt.«

Alkoholiker sein heißt dann, sich nicht mehr belügen, sich nicht mehr verdrücken, sich selbst und anderen nichts mehr vormachen, sondern sich am Leben freuen dürfen, genießen, dankbar, demütig sein können und vieles mehr noch, wonach sich jeder Mensch sehnt. Einfach satt werden.

Eine kurze Geschichte eines kleinen Jungen kann das vorstehend Gesagte vielleicht viel besser spüren lassen als viele Worte. Auf einem Workshop in Melbourne/Florida, im März 1981 erzählte mir Harriette aus Hastings, Nebraska: »Nachdem ich nach jahrelanger konfliktreicher Ehe geschieden wurde, lernte ich meinen jetzigen Mann Joe kennen. Ich erfuhr, daß er bei den Anonymen Alkoholikern seit 8 Jahren trocken war. Meine Mutter warnte mich, eine Verbindung mit einem solchen Menschen einzugehen. Joe hatte seine Frau durch Krebs verloren und mußte für 7 Kinder sorgen. Der jüngste Sohn war sieben, die älteste Tochter siebzehn. Ich hatte damals zwei Kinder im Alter von fünf und eineinhalb Jahren. Nach dem vierten Rendesvouz lieferte er mich bei der Familiengruppe der Anonymen Alkoholiker, Al-Anon, ab, zu der auch seine Frau gegangen war. Er sagte: »Mädchen, kümmert Euch mal um die Kleine!« Nach nicht zu langer Zeit heirateten wir und hatten nun insgesamt neun Kinder. Es bestand zwischen uns ein Altersunterschied von 18 Jahren. Mein Mann Joe war deswegen ein bißchen besorgt. Mir machte das alles keine Angst. Ich sagte zu ihm: »Joe, I'm off the pill and you are over the hill (Ich hab die Pille wohl weggelassen, aber mit Dir ist sowieso nichts mehr los)«. Diesmal jedoch eine Täuschung. Wir bekamen noch zwei Kinder. Als der erste Junge nun im

Kindergartenalter war, seinen Test dort bestanden hatte, fragte ihn die Kindergartentante: »Na, Joe, was willst Du später wohl mal werden?« – Ohne Zögern antwortete der kleine Kerl: »Alkoholiker, genauso wie mein Vater!« Die Erzieherin war entsetzt, denn sie konnte den wirklichen Zusammenhang nicht begreifen. Alkoholiker sein, so wie es der kleine Junge seit seiner Geburt fünf Jahre im Kreise der Familie und der Freunde erlebt hat, bedeutete für ihn, in einem geordneten, lebensbejahenden, menschlichen Zusammenhang zu leben, eine erfüllende Beziehung zu sich selbst und anderen zu haben, wach zu sein, selbst-bewußt, geistes-gegenwärtig. Es ist die Lebensart, die das gesamte Umfeld eines Alkoholikers bestimmt und prägt. Und dies be-geisterte den kleinen Jungen.
Keiner im gesamten Umfeld des Alkoholikers weiß um den andern, um dessen Hilflosigkeit, um dessen Schwierigkeiten, mit der eigenen Lebenslüge klarzukommen. So kommt es auch, daß der Alkoholiker immer wieder der Konfrontation mit sich selbst und seiner auswegslosen Situation entkommen kann. Wir selbst entziehen uns dieser Konfrontation und haben Angst davor.
Die eigene Betroffenheit entdecken viele »Co-Alkoholiker« erst, wenn sie – zunächst nur mit der löblichen Absicht, dem Trinker helfen zu wollen – in die Meetings der Familiengruppen der Anonymen Alkoholiker, also zu Al-Anon und/oder Al-Ateen gehen. Dann wird ihnen dort erst das ganze Ausmaß ihres eigenen Mangels, der eigenen Selbstlüge, der Mitwirkung und der Mitver*antwort*ung deutlich, erfahrbar und nachvollziehbar. Dies erst ermöglicht ihnen, eine Abkehr und eine Wendung in ihrem Leben eintreten zu lassen. Die neue Haltung und das dadurch geprägte neue Verhalten – nicht die zahllosen Ratschläge und Empfehlungen und Drohungen – können allein beim Partner eine Wendung bewirken.
Der Theologe Helmut *Harsch* schreibt dazu in ›Sucht in biblischer Sicht‹: »In der Arbeit mit Abhängigen habe ich als Theologe eine Menge gelernt, denn diese Krankheit hat mich viele Geschichten der Bibel neu verstehen lassen und abstrakte theologische Begriffe mit Erfahrung gefüllt. Andererseits habe ich auch den Eindruck gewonnen, daß die Theologie einen wichtigen Beitrag zum Verstehen und zur Therapie der Abhängigkeitserkrankung leisten kann, da in dieser Krankheit Grundfragen menschlicher Existenz angesprochen werden, die letzte Antworten erfordern. Das bedeutet, daß ich auch als Nicht-Abhängiger ständig mit angesprochen bin, da dabei Fragen verhandelt werden, die auch mich unmittelbar angehen.

Was mir in der Arbeit mit Abhängigen besonders wichtig wurde, ist die Erkenntnis, daß diese 12 Schritte nicht nur abstrakte Programmpunkte sind, sondern erlebte Wirklichkeit. Ich habe gesehen, wie sich durch einen – mit Hilfe dieses Programms – nüchtern gewordenen Alkoholiker eine ganze Familie verändert hat. Man kann von da aus mich vielleicht fragen, wer denn die Behinderten in unserer Gesellschaft sind. Sind es nur die Abhängigen bzw. andere Gruppen von behinderten Menschen? Gehören wir denn nicht alle dazu mit unseren Formen von ego-Sucht und Verlangen nach eigener Absicherung? Abhängige können uns helfen, daß wir alle unsere eigenen Abhängigkeiten erkennen und gemeinsam in einen Prozeß des Wachstums kommen, der uns hilft zu einem freieren und verantwortungsvolleren Leben.«[28]

Harry M. *Tiebout,* erster Psychiater und Psychoanalytiker, der schon 1939 die universelle Bedeutung des AA-Programms erkannte, schloß seine Ausführungen am 20. Geburtstag der AA im Juli 1955 in St. Louis mit den folgenden Worten: »In closing, let me reaffirm my proxy membership in A.A. I have been in on its glowing start and I have shared in its growing pains. And now I have reached the state of deep conviction in the soundness of the A.A. process, including its miracle aspects. I have tried to convey to you some of my observations on the nature of that process. I hope they will help in making the A.A. experience not just a miracle but *a way of life* which is filled with eternal value. A.A. has, I can assure you, done just that for me. Thank you.«[29]

Wir Ärzte können und müssen uns die Frage stellen, in wieweit diese von der noch üblichen und gängigen Lehrmeinung *abweichende* Betrachtungsweise der Sucht, des Süchtigseins und im speziellen des sog. »Alkoholismus« unsere Auffassung über Nosologie, die Begriffe Krankheit und Kranksein nicht in einem anderen Licht sehen läßt und von daher Alternativen (alter natus = aus einer anderen Wurzel geboren) im ärztlichen Handeln erfordert und herausfordert. – Aus einer solchen Sicht heraus wird es bedeutend weniger Störungen geben, die *behandelt* werden müssen, als solche, die ein *Lerndefizit* darstellen und ein *Um*-Lernen not-wendig machen. Dies wiederum würde heißen: weniger »Krankenhäuser«, keine »Therapeutic Communities« (Therapeutische Gemeinschaften), jedoch »Teaching-Learning-Communities (Lehr-Lern-Gemeinschaften)«. Gesundheit ist eine Haltung, Einstellung, die gelernt und eingeübt werden muß und kann. Sie stellt in erster Linie einen Bewußtseinszustand dar, der ein Synonym von Glücklichsein ist; unabhängig von der Tatsache, daß womöglich ein organischer Defekt oder ein physisches Krankheitsgeschehen vorliegt.

In diesem Zusammenhang darf der Brief von dem Mitbegründer der *Anonymen Alkoholiker,* William G. *Wilson,* an C.G. *Jung* und dessen Antwort nicht fehlen.

C.G. *Jung* hatte – ohne es zu ahnen – durch einen Akt der Demut den Grundstein zum Fundament der *Anonymen Alkoholiker* und damit zu einer großen geistigen Bewegung des 20. Jahrhunderts gelegt. Viele andere Gruppen haben sich dieses »experiment of nature« (Harry M. *Tiebout*[30]) zunutze gemacht und das Lehr-Lern-Programm übernommen wie z.B. *Emotions anonymous* (Selbsthilfegruppen für seelische Gesundheit), *Neurotics anonymous, Overeaters anonymous, Narcotics anonymous, Gamblers anonymous.*[31]

C.G. *Jung* hatte 1931 einem seiner Patienten, einem amerikanischen Geschäftsmann, Roland H., in seiner Bescheidenheit und Klarsicht eröffnet, daß er – was seinen Alkoholismus anbelange – nichts mehr für ihn tun könne. Nur eine tiefgehende geistige Erfahrung könne vielleicht noch etwas in seinem Leben verändern.

Roland H. kehrte nach New York zurück. Die weitere Entwicklung schildert William G. Wilson in seinem Brief vom 23. Januar 1961 an C.G. Jung:

»Mein lieber Herr Dr. Jung,
dieser Brief, Ausdruck großer Wertschätzung, ist längst überfällig.
Darf ich mich zuerst Ihnen als Bill W. vorstellen, ein Mitbegründer der Gemeinschaft der Anonymen Alkoholiker. Obwohl Sie sicherlich schon von uns gehört haben, so zweifle ich doch daran, ob Sie wissen, daß ein gewisses Gespräch, welches Sie einst mit einem Ihrer Patienten hatten, mit einem gewissen Mr. Roland H., schon Anfang der 30er Jahre zurückliegend, eine entscheidende Rolle bei der Begründung unserer Gemeinschaft gespielt hat.

Obwohl Roland H. seitdem schon lange dahingeschieden ist, sind doch die Erinnerungen an seine bedeutsame Erfahrung, während er bei Ihnen zur Behandlung war, in entscheidender Weise zu einem Teil der Geschichte von AA geworden. Unsere Erinnerung an das, was Roland H. über seine Erfahrungen mit Ihnen mitgeteilt hat, ist folgendermaßen:

Nachdem alle Versuche, vom Alkoholismus zu genesen, erschöpft waren, wurde er um 1931 herum Ihr Patient. Ich vermute, daß er etwa ein Jahr lang in Ihrer Behandlung blieb. Seine Bewunderung für Sie war grenzenlos, und er verließ Sie mit einem Gefühl von tiefem Vertrauen. Zu seiner großen Bestürzung fiel er bald wieder in sein Suchtverhalten zurück. Dessen gewiß, daß Sie seine letzte Instanz sind, kehrte er wieder in Ihre Betreuung zurück. Dann folgte das Gespräch mit Ihnen, welches das erste Glied in der Kette der Ereignisse werden sollte, welche zur Gründung der Anonymen Alkoholiker führten. Meine Erinnerung an seinen Bericht von dem Gespräch ist die folgende: zuallererst erklärten Sie ihm offen, daß er ein hoffnungsloser Fall sei, insofern irgend eine weitere medizinische oder psychiatrische Behandlung infrage käme. Diese ehrliche und demütige Feststellung Ihrerseits war zweifellos der erste Grundstein, auf welchem sich seitdem unsere Gemeinschaft aufgebaut hat.

Da er Ihnen vertraute und Sie bewunderte, war gerade deshalb die Auswirkung Ihrer Äußerungen auf ihn grenzenlos. Als er dann die Frage stellte, ob es denn keine andere Hoffnung gäbe, sagten Sie ihm, daß dies vielleicht möglich wäre, vorausgesetzt, er erlebe eine spirituelle oder religiöse Erfahrung – kurzum, eine echte Bekehrung. Sie zeigten auf, wie eine solche Erfahrung, wenn es dazu käme, ihm eine neue Lebenseinstellung vermitteln könnte, wenn alles andere versagt habe. Sie haben ihn jedoch gewarnt, daß, obwohl solche Erfahrungen manchmal zur Genesung von Alkoholikern geführt haben, sie vergleichsweise selten seien. Sie empfahlen, daß er sich selbst in ein religiöses Umfeld einbringe und das beste hoffen solle. Dies, glaube ich, gibt das Wesentliche Ihres Rates wider.

Kurz danach schloß sich Mr. H. den Oxford-Gruppen an, einer evangelicalen Bewegung, die damals auf der Höhe ihres Erfolges in Europa war und mit der Sie zweifelsohne vertraut sind. Sie werden sich sicher an die starke Betonung der folgenden Prinzipien erinnern: Selbstinventur, Beichte, Wiedergutmachung und der Dienst am andern. Sie legten großen Wert auf Meditation und beten. In deren Umgebung erlebte Roland H. ein Bekehrungserlebnis, das ihn fürs erste von seinem Drang zum Trinken befreite.

Nach New York zurückgekehrt, wurde er sehr aktiv in den hiesigen Oxford-Gruppen, die damals von dem episkopalen Geistlichen Dr. Samuel Shoemaker geleitet wurden. Dr. Samuel Shoemaker war einer der Begründer jener Bewegung und er war eine kraftvolle Persönlichkeit, die grenzenlose Aufrichtigkeit und Überzeugungskraft übertrug. Zu dieser Zeit (1932–1934) hatten die Oxford-Gruppen bereits einer Anzahl Alkoholiker zur Nüchternheit verholfen und Roland, der das Gefühl hatte, sich besonders mit diesen Leidenden identifizieren zu können, setzte sich ein, anderen zu helfen. Einer von diesen sollte einer meiner alten Schulkameraden sein, mit dem Namen Edwin T. Ihm drohte die Zwangseinweisung, jedoch Mr. H. und ein anderer ehemaliger Alkoholiker, Mitglied der Oxford-Gruppen, bewirkten eine Bewährung und verhalfen ihm zur Nüchternheit.

Mittlerweile hatte sich mein Alkoholismus derart entwickelt, daß mir selbst die Zwangseinweisung drohte. Glücklicherweise kam ich in die Behandlung eines Arztes – eines Dr. William D. Silkworth –, der in einer wundervollen Weise fähig war, Alkoholiker zu verstehen. Aber genauso, wie Sie Roland H. aufgegeben haben, so gab er auch mich auf. Nach seiner Theorie hatte der Alkoholismus zwei Komponenten – eine Besessenheit, die den Leidenden gegen seinen Willen und seine Interessen zum Trinken treibt und eine Art Stoffwechselstörung, die er dann eine Allergie nannte. Des Alkoholikers Drang sorgte dafür, daß der Alkoholiker weitertrank und die Allergie machte gewiß, daß der Leidende schlußendlich abbaute, verrückt wurde oder starb. Obwohl ich einer der wenigen war, von denen er glaubte, helfen zu können, war er doch gezwungen, mich als hoffnungslosen Fall zu erklären. Auch ich mußte eingesperrt werden. Für mich war dies ein zerschmetternder Schlag. Genau wie Roland H. für seine Bekehrungserfahrung durch Sie vorbereitet wurde, so hat mich mein wunderbarer Freund Dr. Silkworth vorbereitet.

Mein Freund Edwin T., der von meinem Zustand erfahren hatte, besuchte mich daheim, wo ich gerade am Trinken war. Es war inzwischen November 1934. Eine lange Zeit bezeichnete ich meinen Freund Edwin als hoffnungslosen Fall. Hier befand er sich jedoch in einem sehr deutlichen Zustand der Befreiung, der keineswegs nur allein der sehr kurzen Zugehörigkeit zu den Oxford-Gruppen zugeschrieben werden konnte. Dieser offensichtliche Zustand der Befreiung, die sich von der übrigen Depression abhob, war außerordentlich überzeugend. Da er ein Leidensverwandter war, konnte er fraglos sehr tiefgreifend mit mir in Verbindung kommen. Ich wußte sofort, daß ich eine Erfahrung, wie er sie erlebt hatte, finden oder sterben mußte.

Noch einmal begab ich mich in die Behandlung von Dr. Silkworth, wo ich noch einmal ausgenüchtert wurde und somit eine deutlichere Schau für das befreiende Erlebnis meines Freundes gewinnen konnte und für Roland H.s Zugang zu ihm.

Wiederum vom Alkohol befreit, versank ich in eine furchtbare Depression. Die Ursache dafür schien meine Unfähigkeit zu sein, auch nur eine Spur von Glauben zu erlangen. Edwin T. besuchte mich wieder und wiederholte die einfachen Formeln der Oxford-Gruppen. Kurz nachdem er mich verlassen hatte, wurde ich noch deprimierter. In

tiefster Verzweiflung rief ich aus: »Wenn es einen Gott gibt, so soll er sich zeigen.« Da trat unmittelbar danach bei mir eine Erleuchtung von enormer Wirkungskraft und Tragweite auf, die ich in dem Buch »Anonyme Alkoholiker« (Alcoholics Anonymous)[32] und auch in »AA wird mündig« (Alcoholics Anonymous Comes of Age) zu beschreiben versuchte. Diese Basistexte werde ich Ihnen zusenden.
Ich erlebte sofort die Befreiung von meiner Alkoholbesessenheit. Sofort wußte ich, daß ich ein freier Mann war.
Kurz nach meiner Erfahrung kam mein Freund Edwin zum Krankenhaus und brachte mir eine Kopie von William James »Varieties of Religious Experiences«. Durch dieses Buch ist mir klar geworden, daß die meisten Bekehrungserlebnisse, welcher Art sie auch immer gewesen sein mögen, einen gemeinsamen Nenner haben, nämlich einen tiefgehenden Ich-Zusammenbruch. Das Individuum steht einem unmöglichen Dilemma gegenüber. In meinem Fall wurde das Dilemma durch mein zwanghaftes Trinken hervorgerufen und durch das tiefe Gefühl der Hoffnungslosigkeit, das weitestgehend durch meinen Arzt verstärkt wurde. Es wurde durch meinen alkoholischen Freund sogar noch mehr vertieft als er mich mit Ihrem Schiedsspruch der Hoffnungslosigkeit bekannt machte, was Roland H. anbelangte.
Im Kielwasser meiner spirituellen Erfahrung kam mir die Vision einer Gemeinschaft von Alkoholikern, in der jeder sich mit dem andern identifizieren und seine Erfahrung dem Nächsten mitteilen konnte – in Form einer Kette. Wenn jeder Leidende in der Lage wäre, die Nachricht von der wissenschaftlichen Hilflosigkeit, was den Alkoholismus anbelangte, zu jedem neuen Anwärter zu bringen, könnte er jeden Neuen weit öffnen für eine verwandelnde spirituelle Erfahrung. Dieses Konzept erwies sich als Grundlage für einen solchen Erfolg, wie ihn die Anonymen Alkoholiker seither erzielt haben. Dadurch wurden Bekehrungserfahrungen – nahezu von jeder Art, wie sie James berichtet hatte – auf breiter Basis erreichbar. Unsere Dauergenesungen im Verlauf des letzten Vierteljahrhunderts erreichten ungefähr die Zahl von 300 000. In Amerika und in der Welt gibt es heute 8000 AA-Gruppen.[33]
Ihnen, Dr. Shoemaker von den Oxford-Gruppen, William James und meinem eigenen Arzt, Dr. Silkworth, verdanken wir von der AA diesen ungeheuren Segen. Wie Sie nun deutlich sehen, begann diese erstaunliche Kette von Ereignissen tatsächlich vor langer Zeit in Ihrem Sprechzimmer, und dies war direkt begründet in Ihrer Demut und tiefen Wahrnehmungsfähigkeit.
Sehr viele nachdenkende AAs studierten Ihre Schriften. Aufgrund Ihrer

Überzeugung, daß der Mensch mehr ist als Intellekt, Emotion und Chemikalien im Wert von zwei Dollar, sind Sie uns besonders ans Herz gewachsen.
Wie unsere Gemeinschaft wuchs, ihre Traditionen für Einheit entwickelte und ihr Wirken strukturierte, können Sie aus den Texten und Heften ersehen, die ich Ihnen zusende.
Sicher wird es Sie interessieren zu erfahren, daß in Ergänzung zu der »spirituellen Erfahrung« viele AAs eine Vielzahl von psychischen Phänomenen mitteilen, deren wachsende Bedeutung sehr beachtenswert ist. Zahlreiche andere haben nach der Genesung in AA eine große Hilfe bei Ihren Schülern gefunden. Einige sind durch das Buch »I Ching« und Ihre bemerkenswerte Einführung in jenes Werk angeregt worden. Seien Sie versichert, daß Ihr Platz in der Zuneigung und in der Geschichte unserer Gemeinschaft wie kein anderer ist.
Ihr dankbarer
William G. Wilson
Mitbegründer Anonyme Alkoholiker«

In der Folge nun die Antwort von Professor C. G. Jung in seinem Brief aus Küssnacht-Zürich, Seestraße 228, vom 30. Januar 1961:

»Lieber Herr Wilson,
Ihr Brief war mir in der Tat sehr willkommen.
Ich bekam keine Nachricht mehr von Roland H. und habe mich oft gefragt, was wohl sein Schicksal gewesen ist. Unsere Unterhaltung, die er Ihnen hinlänglich berichtete, hatte einen Aspekt, den er nicht kannte. Der Grund, daß ich ihm nicht alles sagen konnte, war, daß ich in jenen Tagen außerordentlich vorsichtig sein mußte, was ich sagte. Ich kam dahinter, daß ich in jeder möglichen Weise mißverstanden wurde. So war ich sehr vorsichtig, als ich mit Roland H. sprach. Woran ich aber wirklich dachte, war das Ergebnis vieler Erfahrungen mit Menschen seiner Art.
Sein Drang nach Alkohol war der Ausdruck, auf einer niedrigen Stufe, des spirituellen Durstes unseres Wesens nach Ganzheit, in der Sprache des Mittelalters: nach der Einung mit Gott (»Wie der Hirsch lechzt nach frischem Wasser, so lechzt meine Seele, Gott, nach Dir«, Psalm 42,1).
Wie konnte man eine solche Erkenntnis in einer Sprache formulieren, die heutzutage nicht mißverstanden wird?
Der einzige richtige und legitime Weg zu einer solchen Erfahrung ist,

daß sie uns in Wirklichkeit widerfährt, und dies kann sich bei uns nur dann ereignen, wenn wir auf einem Weg gehen, der uns zu einem höheren Verständnis führt. Zu jenem Ziel mögen wir durch einen Akt der Gnade oder durch einen persönlichen und aufrichtigen Kontakt mit Freunden oder durch eine höhere Ausbildung des Geistes über die Grenzen des reinen Rationalismus hinaus geführt werden. Ich erfahre durch Ihren Brief, daß Roland H. den zweiten Weg gewählt hat, der unter den gegebenen Umständen offensichtlich der beste war. Ich bin fest davon überzeugt, daß das Prinzip des Bösen, das in dieser Welt vorherrscht, das nichtbegriffene geistige Bedürfnis, ins Verderben führt, wenn nicht wirkliche religiöse Erkenntnis oder der Schutzwall einer menschlichen Gemeinschaft ihm entgegengesetzt wird. Ein gewöhnlicher Mensch, der nicht durch das Eingreifen von Oben geschützt ist und in der Gesellschaft isoliert dasteht, kann der Macht des Bösen (evil) nicht widerstehen, die in zutreffender Weise der Teufel (devil) genannt wird. Jedoch, der Gebrauch solcher Worte ruft so viele Mißverständnisse hervor, daß man sich so viel wie möglich von ihnen fernhalten muß. Dies sind die Gründe, warum ich Roland H. keine volle und ausreichende Erklärung geben konnte, aber Ihnen gegenüber wage ich es, weil ich aus Ihrem ehrlichen und aufrichtigen Brief schließe, daß Sie sich eine Auffassung erworben haben, die sich über die irreführenden Plattheiten erhebt, die man gewöhnlich über Alkoholismus hört.

Sehen Sie, Alkohol heißt auf lateinisch »spiritus«, und man verwendet das gleiche Wort für die höchste religiöse Erfahrung wie auch für das verderblichste Gift. Die hilfreiche Formel ist daher: *Spiritus contra Spiritum!*

Indem ich Ihnen nochmals für Ihren freundlichen Brief danke, verbleibe ich

Ihr aufrichtiger
C. G. Jung«[34]

Anmerkungen

1 *Beecher,* Willard u. Margaret: Beyond Success and Failure, Julian Press, New York, 1966
2 *Vester,* Frederic: Das kybernetische Zeitalter, S. Fischer, Frankfurt, 1974
3 *Louka,* Jean-Michel »*Dependance, Alcoolisme et Hospice*«
4 *Hansen,* Philip L.: The Afflicted and the Affected, Graphic Publishing Co., Lake Mills, Iowa 1974
5 »In medizinischer Sprache sehe ich die Trunkenheit im engeren Sinne als Krankheit an; hervorgerufen durch eine verborgene Ursache. Sie löst im lebenden Organismus Vorgänge und Abläufe aus, die das Gesundheitsgeschehen in Unordnung bringen... Um eine Verwirrung zu vermeiden, nehme ich die verborgene Ursache in meine Definition mit auf. Trunkenheit ist das Delirium, das durch vergorene Getränke verursacht wurde.«
6 *Mello,* Nancy K.: Etiological Theories of Alcoholism, Advances in Alcoholism. Vol. II No. 6, June 1981 (Synopsis of Mary Cullen Research Trust Etiology Monograph Prize Paper (1980)
7 Die Menschheit in ihrem ständigen Jagen nach Genuß hat die Übel, die direkte Abkömmlinge ihrer Vergnügen sind, nur widerstrebend in ihren Krankheitskatalog aufgenommen. Diese Zurückhaltung entspricht in der Tat auf natürliche Weise dem menschlichen Geist: denn von allen Abweichungen vom Pfade der Pflichten gibt es keine, die so zwingend ihren Anspruch infragestellen, vernünftige Wesen zu sein, wie gerade der übermäßige Konsum alkoholischer Getränke.«
8 Zit. nach: *Galdston,* Iago: The Addictive Personality, in The Addictive Personality, Treatment and Prevention, *Geigy* Symposia Series Nov. 1972, *Ciba-Geigy,* Ardsley, N. Y. 10502
9 *Lechler,* W. H.: Sucht aus socio-psycho-somatischer Sicht, Manuskript-Druck 1972
10 *Svoboda,* P. Dr. Robert: »Unsere Position in der heutigen Welt« in *Johannesruf,* Werkblatt des Kreuzbundes, 11/1965
11 Information für die Gemeinden in Hessen und Nassau, 30. Jahrgang, Heft 2 (185), April/Mai/Juni 1980
12 maladie = Krankheit, abgeleitet von male habitus
13 Der Regelkreis stellt eine geschlossene Kausalkette dar, die gegenüber äußeren oder inneren Wirkungen (Störungen) relativ stabil bleibt. Er besteht aus zwei – für sich genommen rückwirkungsfreien – Hauptteilen (Gliedern): dem zu regelnden Objekt, der Regelstrecke, und der Regeleinrichtung. Aufgabe der Regeleinrichtung (des Reglers) ist hierbei, eine bestimmte veränderliche Größe, die Regelgröße X, entgegen störenden Einwirkungen gemäß einer vorgegebenen Funktion, der Führungsgröße zu variieren. Das wird dadurch erreicht, daß der Regler die Ergebnisse seiner regulierenden Maßnahmen, die über die Stellgröße

y erfolgen, ständig kontrolliert und dementsprechend seine weiteren Maßnahmen gestaltet. Ist z.B. die vorgegebene Funktion eine Konstante, so stellt der Regler ständig fest, ob die Regelgröße dieser Konstanten, dem sog. Sollwert, entspricht oder nicht. Wenn dies nicht der Fall ist, wird eine entsprechende Maßnahme eingeleitet, die die Regelgröße so lange beeinflußt, bis sie den vorgeschriebenen Wert erreicht. Aus: *Klaus,* Georg u. *Liebscher,* Heinz: »Wörterbuch der Kybernetik« Dietz Verlag, Berlin 1976

14 z.B. die zahlreichen Co's wie die Co-Alkoholiker etc.

15 *Tiebout,* Harry M.: »Alcoholism – Its Nature And Treatment«, Paper presented at the Southern Regional Conference on Alcoholism, Birmingham, Alabama, November 1958

»The Act of Surrender in the Therapeutic Process«, Paper read before the New York Psychiatric Society, Oct. 3, 1945

»The Ego Factors in Surrender in Alcoholism«, Paper presented at the Fifth Annual Meeting of International Doctors in Alcoholics Anonymous, Akron, Ohio, May 15, 1954

»Surrender versus Compliance in Therapy«, Quarterly Journal of Studies on Alcohol, Vol. 14, No. 1, pp. 58–68, March 1953

»Medicine Looks At Alcoholics Anonymous«, 20th Anniversary Celebration St. Louis July 1955; published in: Alcoholics Anonymous Comes of Age, New York, 1957

16 Diese Formulierung wurde in strenggläubigen Kreisen als eine Huldigung an einen »anonymen Gott« gesehen und als »Großangriff des Satans« bezeichnet.

Müller, Paul: »Satans Großangriff« in: Monatsblatt des Blauen Kreuzes 8 und 9, Aug./Sept. 1963, 61. Jahrgang, Wuppertal-Barmen

17 auch denkbare Formulierung: *Spiritus pro Spiritu* oder *Spiritus Loco Spiritus*

18 *Vester,* Frederic: »Phänomen Streß«, Deutsche Verlagsanstalt, Stuttgart, 1976, p. 163

19 *Tikkanen,* Märta: Die Liebesgeschichte des Jahrhunderts, rororo 4701, Reinbek bei Hamburg 1981

20 *Tikkanen,* Märta: Die Liebesgeschichte des Jahrhunderts, rororo 4701, Reinbek bei Hamburg 1981

21 *Wecker,* Konstantin: Und die Seele nach außen kehren, Ehrenwirth, München, 1981

22 *Kruse,* Waltraud, persönliche Mitteilung während des 5. Westdeutschen Psychotherapieseminars 1980 Aachen

23 *Lechler,* W.H.: Leserkommentare zu Suchtkrankheiten, analytische Kurztherapie, *Selecta* 7, 13. Febr. 1978, P. 542

24 *Tiebout,* Harry M.: »Alcoholism – Its Nature and Treatment« Paper presented at the Southern Regional Conference on Alcoholism, Birmingham, Alabama, Nov. 1958. Published by *National Council on Alcoholism,* New York

25 AA-Grapevine January 1970, New York
26 *Washington vom 15.–20. Sept. 1968, Press Release 19. 09. 68 General Service Board of Alcoholics Anonymous, New York*
27 *Chafetz,* Morris E., M.D.: Motivation for Recovery in Alcoholism in: Alcoholism – behavioral research – therapeutic approaches by Ruth *Fox,* M.D., Springer Publishing Comp., Inc., New York 1967
28 aus ›Kirche Diakonie Gesellschaft‹, Information für die Gemeinden in Hessen und Nassau, 30. Jahrgang, Heft 2 (185), April/Mai/Juni 1980
29 *Tiebout* Harry M.: »Medicine Looks at AA«, published in: Alcoholics Anonymous Comes of Age, New York 1957
30 *Tiebout,* Harry M.: »Alcoholics Anonymous – An Experiment of Nature« Adress delivered before the New York Medical Society on Alcoholism, 6. 10. 59, published by: National Council on Alcoholism, New York 1959
31 Gradually, I ceased to regard the AA program as something that could apply only to us alcoholics. More and more, it became apparent to me that our principles are universal principles. We, as alcoholics, cannot safely use any mood-changing chemicals – but beyond that, my being is the same as that of a nonalcoholic; I have the same human needs and feelings. The AA principles can help anyone who chooses to use them, because the road to recovery for the alcoholic covers the same ground as the road to maturity for the rest of the world. M.B., Minneapolis, Minn. »Road To Maturity« – AA's universal principles are a way of life for others, too. aus: AA Grapevine, June 1981
32 »Alcoholics Anonymous« (revised) New York City 1976 Alcoholics Anonymous World Services
33 1978 Weltmitgliedschaft auf über 1 Million geschätzt, Anzahl der Gruppen auf über 30 000
34 Beide Briefe wurden in AA-Grapevine, Januar 1963, Januar 1968, November 1974 und November 1978 wegen der großen Nachfrage veröffentlicht.

In deutscher Sprache: »*Spiritus contra Spiritum*« in *AA-Informationen,* Februar 1973; *Lechler,* W.H.: *Spiritus contra Spiritum,* Informationen für die Gemeinden in Hessen und Nassau, 30. Jhrg., Heft 2 (185) April/Mai/Juni 1980; in *Jetzt,* Mitteilungen der Psychosomatischen Klinik Bad Herrenalb, 5. Jhrg. No. 4, Juli–August 1980

Weiterführende Literatur

In den nachfolgenden Veröffentlichungen werden weitgehend die Zwölf Schritte und das übrige Programm der Anonymen Alkoholiker und ihrer verwandten Gruppen berücksichtigt, beziehungsweise ergänzen, bereichern und vertiefen sie die Grundsätze dieser Gemeinschaften. Es handelt sich hierbei jedoch nicht um jene Titel, die die jeweiligen Gruppen selbst geprüft und als ihre eigene, verbindliche Literatur "genehmigt" haben (eine kleine Auswahl davon ist am Ende dieser Liste aufgeführt).

Ahrends, Martin: Das große Geld. Spielsucht: Fallbeispiele - Symptome - Therapie. München 1988
Anonym: The Twelve Steps - A Healing Journey. Hazelden 1986
desgl.: Listen to the Hunger. Hazelden 1987
desgl.: Keep Coming Back. Hazelden 1988
desgl.: Mein Name ist Adam ... Ein Anonymer Alkoholiker berichtet. München 1980
desgl.: Hope & Recovery. A Twelve Step Guide for Healing from Compulsive Sexual Behavior. Minneapolis 1987/89 (Buch und Kassetten)
desgl.: The Little Red Book. Hazelden 1986
desgl.: "Pocket Power"-Serie (Kleine Heftchen zwischen 10 und 25 Seiten - Themen z.B.: Ehrlichkeit, Nur für Heute, Einsamkeit, Beziehungen, Zugehen auf andere, Wunder auf dem Genesungsweg, Anwenden der Grundsätze, Unzulänglichkeit, Kapitulation, Demut, Loslassen, Gelassenheit, Gebet und Meditation, Geduld, Vergebung, Dankbarkeit; englisch: Hazelden)
B., Bill: Ich bin Bill und eßsüchtig. Ein Weg zur Genesung mit den Zwölf Schritten. Burg Hohenstein 1990 (englisch: Compulsive Overeater - The Basic Text for Compulsive Overeaters. Minneapolis 1981)
ders.: Maintenance for Compulsive Overeaters. Minneapolis 1986
Bach, George R.; *Torbet*, Laura: Ich liebe mich - ich hasse mich. Fairness und Offenheit im Umgang mit sich selbst. Reinbek 1988 (englisch: The Inner Enemy. 1983)

Beattie, Melody: Die Sucht gebraucht zu werden, München 1990 (englisch: Co-Dependent No More. How to Stop Controlling Others and Start Caring for Yourself. Hazelden 1987)

Black, Claudia: Mir kann das nicht passieren. Kinder von Alkoholikern als Kinder, Jugendliche und Erwachsene. Wildberg 1988 (englisch: It Will Never Happen to me. 1981)

Carnes, Patrick: Zerstörerische Lust. Sex als Sucht. München 1987 (englisch: Out of the Shadows. Understanding Sexual Addiction. Minneapolis 1983)

Casriel, Daniel: Die Wiederentdeckung des Gefühls. München 1983 (englisch: A Scream Away from Happiness. New York 1972; sowohl die deutsche als auch die englische Ausgabe ist **vergriffen** - Wiederauflage beim Verlag "Schritt für Schritt" in Vorbereitung)

Dowling, Colette: Perfekte Frauen. Die Flucht in die Selbstdarstellung. Frankfurt 1989 (englisch: Perfect Women. Hidden Fears of Inadequacy and the Drive to Perform. New York 1988)

Fröhling, Ulla: Droge Glücksspiel. Betroffene erzählen von einer heimlichen Sucht. München 1984 (**vergriffen**)

Goddenthow, Diether Wolf v. (Hg.): Alles fängt so harmlos an. Kursbuch zur Suchtprävention und erfolgreichen Behandlung Abhängiger. Freiburg 1980.

Gornik, Herbert A. (Hg.): Wege aus der Angst. Wahrnehmen - Standhalten - Überwinden. Freiburg 1987

Groß, Werner: Sucht ohne Drogen. Arbeiten - Spielen - Essen - Lieben. Frankfurt 1990

Hambrecht, Martin: Das Leben neu beginnen. Wenn Therapie zur "Lebensschule" wird. München 1983 (Bericht über die Psychosomatische Klinik Bad Herrenalb unter der Leitung des Autors)

Hampden-Turner, Charles: Sane Asylum. Inside the Delancey Street Foundation. San Francisco 1976 (Selbsthilfegruppe für Kriminelle; Abwandlung vom Synanonkonzept; zu Synanon vgl. Wiesner und Yablonsky)

Harsch, Helmut: Hilfe für Alkoholiker und andere Drogenabhängige. München 1976 *ders.:* Alkoholismus. Schritte zur Hilfe für Abhängige, Angehörige und Freunde. München 1980

Hazelden-Meditationsbücher (im Heyne-Verlag dt. erschienen):
Anonym: Jeder Tag ein neuer Anfang (für Frauen)
Anonym: Berührungspunkte (für Männer)
Casey, Karen: Das Buch der Liebe
Casey/Vanceburg: Jeder Morgen bringt neue Hoffnung
Dean, Amy E.: Licht in der Nacht

Himmel-Lehnhoff, Margrit: Durch Krankheit zum Selbst. Wege zu einem neuen Leben. Erfahrungen und Berichte. Düsseldorf 1988

James, William: Die Vielfalt religiöser Erfahrung. Wiederauflage Olten/Freiburg 1979 (englisch: The Varieties of Religious Experience. Edinburgh 1901/1902). Maßgeblicher Titel für die Gründer der Anonymen Alkoholiker bei der Entwicklung des Konzeptes einer "Höheren Macht", "Macht, größer als wir selbst" bzw. von "Gott, wie ich ihn verstehe". Dabei geht es um jene spirituelle Dimension im Programm der Anonymen Gruppen, ohne die es wahrscheinlich keine Heilung, insbesondere nicht von Sucht, geben kann. Für das Verständnis dieses wesentlichen Begriffs im "Programm" in seiner befreienden Weite und weltanschaulichen, ideologischen, religiösen und konfessionellen Unabhängigkeit enthält diese umfangreiche Buch-Kostbarkeit äußerst erhellende Ausführungen.

Johnson, Vernon E.: I'll Quit Tomorrow. (Der zum Buch gehörende Film ist inzwischen von der Deutschen Hauptstelle gegen die Suchtgefahren synchronisiert worden.)

K., Ernie: Ninety Meetings Ninety Days. A Journal of Experience, Strength, and Hope in Twelve-Step Recovery. Johnson Institute 1984

Kessel, Joseph: Alkoholiker. Sucht und Heilung. München 1982 (**vergriffen** - wurde ehemals zusammen mit den Anonymen Alkoholikern deutscher Sprache vom Heyne-Verlag, München, verlegt; französisches Original: Avec les Alcooliques Anonymes. Paris o.Jhrg.)

Keuerleber-Moos, Gabriele: Singe meine Seele. Lieder über Eßsucht und spirituelles Erwachen (Kassette). Burg Hohenstein 1989

Kurtz, Ernest: Not-God. A History of Alcoholics Anonymous. Hazelden 1979

Lair, Jaqueline C.; *Lechler,* Walther H.: Von mir aus nennt es Wahnsinn. Protokoll einer Heilung. Stuttgart 1980 (englisch: I Exist, I Need, I'm Entitled. New York 1980; französische Auflage in Vorbereitung)

Lawrence, Marilyn: Ich stimme nicht. Identitätskrise und Magersucht. Reinbek 1986 (englisch: The Anorexic Experience. London 1984)

dies. (Hg.in): Satt aber hungrig. Frauen und Eßstörungen. Reinbek 1990 (englisch: Fed up and Hungry. London 1987)

Mader, Petra; *Ness,* Beate (Hg.innen): Bewältigung gestörten Eßverhaltens. Hamburg 1987

May, Gerald: Addiction & Grace. San Francisco 1988

Norwood, Robin: Wenn Liebe zur Sucht wird. Die heimliche Sucht, gebraucht zu werden. Reinbek 1987 (englisch: Women who Love to Much: When you Keep Wishing and Hoping He'll Change. Los Angeles 1985)

dies.; Briefe von Frauen, die zu sehr lieben. Betroffene machen Hoffnung. Reinbek 1988 (englisch: Letters from Women Who Love Too Much. A Closer Look at Relationship, Addiction and Recovery. New York 1988)

Nullmeyer, Heide: Ich heiße Erika und bin Alkoholikerin. Frankfurt

Plagwitz, Angelika M.: Sucht und Sehnsüchte. Ein Erfahrungsbericht zur Bulimie. 1989

Randall, Thomas: Falle Alkohol. Wiesbaden/München 1982 (**vergriffen** - vormals vom Limes-Verlag zusammen mit den Anonymen Alkoholikern deutscher Sprache herausgegeben; englisch: The Twelfth Step. New York 1957)

Robertson, Nan: Die Anonymen Alkoholiker: Der erfolgreiche Weg aus der Sucht. Ein Insiderbericht. München 1989 (englisch: Getting Better. 1988)

Schaeffer, Brenda: Wenn Liebe zur Sucht wird. München 1989 (englisch: Is it Love or is it Addiction? 1987)

Shainess, Natalie: Keine Lust zu leiden. Der Ausweg aus dem Teufelskreis weiblicher Lebensängste. Zürich 1987/München

1989 (englisch: Sweet Suffering. 1984; für Angehörige von Sex- und Liebessüchtigen)
Simmel, Johannes Mario: Bis zur bitteren Neige. Roman. 1961/1962 (Gehört zu den fünf Titeln, die von genesenen AlkoholikerInnen als für sie am wichtigsten bezeichnet wurden; enthält autobiographische Anteile des Autors.)
SuchtReport - Europäische Fachzeitschrift für Suchtprobleme (hgg. von Synanon International e.V., Berlin)
Szas, Thomas: Ceremonial Chemistry. The Ritual Persecution of Drugs, Addicts, and Pushers. Holmes Beach 1985
Thamm, Berndt Georg: Drogenfreigabe - Kapitulation oder Ausweg? Pro und Contra zur Liberalisierung von Rauschgiften als Maßnahme zur Kriminalitätsprophylaxe. Hilden 1989
Trachtenberg, Peter: Der Casanova-Komplex. Vom Zwang, lieben zu müssen. München 1988 (englisch: The Casanova-Complex - Compulsive Lovers and Their Women. New York 1988)
Trebach, Arnold S.: The Great Drug War - And Radical Proposals That Could Make America Safe Again. London 1987
W., Anne: Take What Works. How I Made the Most of my Recovery Program. Hazelden 1989
Weber, Monika; Die dunkle Seite meines Lebens. Überwindung einer Selbstzerstörung. Frankfurt 1988
Wegscheider, Sharon: Es gibt doch eine Chance. Hoffnung und Heilung für die Alkoholiker-Familie. Wildberg 1988 (englisch: Another Chance - Hope and Health for the Alcoholic Family. Palo Alto 1981)
Weil, Andrew: The Natural Mind. A New Way of Looking at Drugs and the Higher Consciousness. Boston 1972
Werner, A.: Wege weg vom Alkohol. Düsseldorf 1985 (**vergriffen**)
Wiesner, Wolfgang: Leben ohne Drogen. Süchtige helfen sich selbst. München 1987 (Synanon in Deutschland; vgl. Yablonsky)
Wilson-Schaef, Anne: Weibliche Wirklichkeit. Wildberg 1985 (englisch: Woman's Reality. An Emerging Female System in the White Male Society. Minneapolis 1981)
dies.: Co-Abhängigkeit. Nicht erkannt und falsch behandelt. Wildberg 1986 (englisch: Co-Dependence. Misunderstood - Mistreated. Minneapolis 1986)

dies.: Im Zeitalter der Sucht. Wege aus der Abhängigkeit. Hamburg 1989 (englisch: When Society Becomes an Addict. San Francisco 1987)

dies.; *Fassel,* Diane: The Addictive Organization. San Francisco 1988

Woititz, Janet G.: Um die Kindheit betrogen. Hoffnung und Heilung für erwachsene Kinder von Suchtkranken. München 1990 (englisch: Adult Children of Alcoholics. Deerfield Beach 1983)

Yablonsky, Lewis: Synanon. Selbsthilfe der Süchtigen und Kriminellen. Stuttgart 1975 (englisch: The Tunnel Back: Synanon. New York 1965; vgl. Wiesner zu Synanon Deutschland)

Zocker, Horst: betrifft: Anonyme Alkoholiker. Selbsthilfe gegen die Sucht. München 1989

Folgende Titel sind quasi die "Basislektüre" für solche, die einer Anonymen Gruppe angehören und jede(n), der/die sich mit der verbindlichen Auslegung ihres Genesungsprogramms beschäftigen will. **Sie kann nur über die Gruppen selbst oder ihre Kontaktstellen (Adressen s. weiter hinten) bezogen werden und ist weder im normalen Buchhandel noch im Versandbuchhandel "Schritt für Schritt" erhältlich.** (Der Grundsatz, entsprechend der sechsten Tradition keine geschäftlichen Beziehungen mit "außenstehenden Unternehmen" einzugehen und in einer von der Gemeinschaft als Ganzes herausgegebenen Literatur die verbindliche Auslegung der eigenen Prinzipien zu formulieren, hat sich im Laufe der Geschichte der Anonymen Gruppen als eine kluge, ja, weise Einstellung bewährt. Dabei wird die praktische Vorgehensweise im Einzelfall durch die Hauptaufgabe der Anonymen Gruppen - niedergelegt in der fünften Tradition - bestimmt, nämlich die Botschaft zu jenen zu bringen, die noch leiden.)

Die bei den Gruppen zugängliche Literatur geht weit über die hier aufgeführte hinaus; eine vollständige Liste der zur Verfügung stehenden Bücher, Faltblätter etc. gibt es ebenfalls nur bei den Gruppen.

Anonyme Alkoholiker deutscher Sprache (Hg.): Anonyme Alkoholiker. Ein Bericht über die Genesung alkoholkranker Männer und Frauen ("Blaues Buch"; englisch: Alcoholics Anonymous, "Big Book". Erstauflage 1939)
dies.: Zwölf Schritte und Zwölf Traditionen (englisch: Twelve Steps and Twelve Traditions. Erstauflage 1953)
dies.: Wie Bill es sieht. AA - ein Lebensweg ... Auszüge aus den Schriften des Mitbegründers der Gemeinschaft (englisch: As Bill sees It - The A.A. Way of Life. Erstauflage 1967)
dies.: Wir kamen zu dem Glauben ... Das geistige Erlebnis von AA wie es von einzelnen erfahren wurde (englisch: Came to believe ... Erstauflage 1973)
dies.: Trocken bleiben - Nüchtern leben (englisch: Living Sober. Erstauflage 1975)
dies.: Unser Weg - o.Jhg.
Emotions Anonymous (Hg.): Emotions Anonymous. Selbsthilfegruppe für emotionale Gesundheit. 1982
Anonyme Eßsüchtige (Hg.): Für Heute. Dt. Erstauflage 1984 (englisch: For Today)
Anonyme Sexaholiker (Hg.): Anonyme Sexaholiker. 1988

Anmerkung: *Der Autor möchte das Thema der vorliegenden Broschüre in einer die neuere Literatur einbeziehenden Fassung umfangreicher ausarbeiten. Dabei sollen vor allem die Veröffentlichungen von Anne Wilson-Schaef und Gerald May (s.o.) Berücksichtigung finden. Aktuelle Lebens- ja, Menschheitsfragen wie "Nicht der saure Regen ist's ...", "Nicht das Ozonloch ist's ...", werden ebenfalls unter den in dieser Schrift vorgestellten Sichtweisen behandelt werden.*

Kontaktadressen Anonymer Gruppen

Anonyme Alkoholiker
Gemeinsames Dienstbüro
Postfach 10 04 22
8000 München 1
089/555685 und 089/3164343

Al-Anon Familiengruppen
Zentrales Dienstbüro
Emilienstraße 4
4300 Essen
0201/773007

alateen - Gruppen
(Kinder von Alkoholikern)
bei AA und Al-Anon erfragen

Anonyme Alkoholiker
Postfach 91
A-5400 Hallein

Al-Anon Familiengruppen
Zentrales Dienstbüro
Postfach 85
A-1171 Wien

Kontaktstelle der
Anonymen Alkoholiker
Cramerstraße 7
CH-8004 Zürich

Al-Anon Kontaktstelle der
deutschsprachigen Schweiz
Postfach 88
CH-4802 Strengelbach

Kontaktstelle der
Anonymen Alkoholiker
Pfarrhaus - Dorf 1
I-39040 Lüsen/Luson

Kontaktstelle der
Anonymen Alkoholiker
Paternsteig 3
I-39031 Bruneck

Erwachsene Kinder
von Alkoholikern
c/o Al-Anon
Reisinger Straße 11
8000 München 2

Deutschsprachige Intergruppe der
Anonymen Eßsüchtigen (OA)
Postfach 10 62 06
2800 Bremen

Overeaters Anonymous (OA)
- Anonyme Eßsüchtige -
Postfach 608
CH-8021 Zürich

EA Emotions Anonymous
Interessengemeinschaft e.V.
- Kontaktstelle Deutschland -
Hohenheimer Str. 75 EG
7000 Stuttgart
0711-243533

EA Emotions Anonymous
- Kontaktstelle Schweiz -
Postfach 228
CH-4016 Basel
0041/61-3219251 (BRD nach CH)

EA Emotions Anonymous
120 Heath Street
GB-London NW 3
0044/1-4355199 (BRD nach GB)

EA Emotions Anonymous
The Crypt Church of St. Martins
Trafalgar Square
GB-London WC 2
Telefon: wie vor

EA Emotions Anonymous
Odenplan, Brygghuset
12 Norrtullsgatan
Schweden
0046/8-7606004 (BRD nach S)

Emotions Anonymous International
P.O. Box 42 45
Saint Paul, Minnesota 55104
USA

Selbsthilfegruppe der
Anonymen Spieler
c/o Bremer Landesstelle gegen die Suchtgefahren
Schwachhauser Heerstraße 45
2800 Bremen

AL-Dienststelle / SLAA
Postlagerkarte 26592
8000 München 90
(Adresse für Anonyme Sex- und Liebessüchtige)

AS Deutschland
Postlagerkarte 050075 C
7500 Karlsruhe
(Adresse für Anonyme Sexsüchtige)

S-Anon
Kreuzstraße 13
7500 Karlsruhe
(Adresse für Angehörige der Anonymen Sexsüchtigen)

Narcotics Anonymous
Postfach 12 72
6078 Egelsbach

Narcotics Anonymous
World Service Office, Inc.
P.O. Box 9999
Van Nuys, California 91409
USA

Bei den vorstehenden Adressen kann die von den Gruppen selbst herausgegebene und nur bei ihnen erhältliche sogenannte "genehmigte" Literatur bestellt werden (s. "Weiterführende Literatur", letzter Teil). Die dort aufgeführten Veröffentlichungen können nicht über den Buchhandel, auch nicht über die Sortiments-Versandbuchhandlung "Schritt für Schritt", die sich auf "ergänzende" Literatur spezialisiert hat, bezogen werden.

Schritt für Schritt

VERLAG UND VERSANDBUCHHANDLUNG
Rita Schumann • Herrenmühle
6209 Burg Hohenstein • Tel. 06120-6238

Verlag:

- Erwerb von *Übersetzungs- und Vertriebsrechten* an amerikanischer Schritte-Literatur für den deutschsprachigen Raum
- *Veröffentlichungsmöglichkeit* für A-Gruppen-Angehörige, Fachleute - d.h., Herausgabe eigener deutschsprachiger Literatur
- im *Non-Book-Bereich:* Herstellung von z.B. Kassetten, Briefblocks und Briefkarten mit Programm-Slogans/kurzen Texten, Aufklebern (Slogans in deutsch - "Nur für heute" z.B.) und andere Zeichen der Erinnerung, Symbole unserer Zusammengehörigkeit und der Verbundenheit mit dem Programm

Versandbuchhandel:

- Vertrieb der Bücher und Produkte des eigenen Verlages
- Angebot von Titeln, die bereits in deutsch zum "Programm" erschienen sind (nicht zu verwechseln mit der Literatur, die die A-Gruppen selbst übersetzen, herstellen, herausgeben und vertreiben; diese Literatur ist (derzeit) nur in den Gruppen erhältlich)
- Angebot sorgfältig ausgewählter Titel, die eine Ergänzung zu den Zwölf Schritten und ihren Grundlagen darstellen, ohne Zwölf-Schritte-Literatur im engeren Sinne zu sein
- in Verhandlung: Vertrieb englischsprachiger Original-Literatur